新时代中华传统文化知识丛书

U0625505

中国古代文学家

李燕　罗日明　主编

 海豚出版社
DOLPHIN BOOKS
CICG　中国国际传播集团

图书在版编目（CIP）数据

中国古代文学家 / 李燕 , 罗日明主编 . –– 北京：海豚出版社 , 2024.3

（新时代中华传统文化知识丛书）

ISBN 978-7-5110-6813-2

Ⅰ . ①中⋯ Ⅱ . ①李⋯ ②罗⋯ Ⅲ . ①作家—生平事迹—中国—古代 Ⅳ . ① K825.6

中国国家版本馆 CIP 数据核字（2024）第 064935 号

新时代中华传统文化知识丛书

中国古代文学家

李 燕 罗日明 **主编**

出 版 人	王 磊
责任编辑	张 镛 梅秋慧
封面设计	薛 芳
责任印制	于浩杰 蔡 丽
法律顾问	中咨律师事务所 殷斌律师
出 版	海豚出版社
地 址	北京市西城区百万庄大街 24 号
邮 编	100037
电 话	010-68325006（销售） 010-68996147（总编室）
印 刷	天津睿意佳彩印刷有限公司
经 销	新华书店及网络书店
开 本	710mm × 1000mm 1/16
印 张	9
字 数	76 千字
印 数	3000
版 次	2024 年 3 月第 1 版 2024 年 3 月第 1 次印刷
标准书号	ISBN 978-7-5110-6813-2
定 价	39.80 元

文学，指的是以口语或文字为媒介，来表达客观世界和主观认识的一种方式。在数千年的发展历程中，无数优秀的文学家和文学作品涌现出来，共同构成了异彩纷呈的中国古代文学史。

王国维在《宋元戏曲考》中说："凡一代有一代之文学：楚之骚、汉之赋、六代之骈语、唐之诗、宋之词、元之曲，皆所谓一代之文学，而后世莫能继焉者也。"随着朝代不断更迭，我国古代文学的形式也不断出新。

我国最早的文学形式可以追溯至上古时期的歌谣和神话传说。它们由远古先民创作，并口耳相传至后世。先秦时期，百家争鸣的文化盛况让文学发展得异常繁荣。此时，以诗歌和散文成就最高。到了两汉时期，赋成为主要的文学形式。

到了魏晋南北朝时期，文学的发展并没有因为战乱频繁而倒退，反而变得更加充满生机与活力，诗歌、散文、辞赋、骈文等都取得了显著成就。此时的诗歌，对后世诗歌，尤其是唐诗的影响非常大。这一时期的文学理论和文学批评也有所发展。

唐宋时期，诗词的发展达到了巅峰。时至今日，唐诗和宋词依旧流传甚广。现在很多人都喜欢在品读诗词的同时，品味文人风骨，体会文人情怀。到了元代，主要的文学形式从唐诗和宋词变为元曲。明清时期，小说逐渐发展起来。传诵至今的古典四大名著就是这一时期创作的。

不管是哪种文学形式，让中国古代文学穿越千年仍旧馨香的，是那些将其创造出来的古代文学家。他们妙笔生花，赋予了古代文学以生命。在他们的努力下，中国古代文学经历了诞生、发育、困顿、成熟、超越，最终拨开历史的时间迷雾，来到了我们面前。

为了探寻那些不朽作品的源头，为了让读者更好地了解中国古代文学家不为人知的一面，为了弘扬中华传统文化，我们编写了这本《中国古代文学家》。本书以生动客观的语言，将这些文学家的生平、创作、风格以及在文学史上的重要地位与影响呈现出来，清晰再现了中国古代文学的发展历程。

习近平总书记曾说过："中国有坚定的道路自信、理论自信、制度自信，其本质是建立在 5000 多年文明传承基础上的文化自信。"品读古代文学作品，了解古代文学家，体味这些文人在作品中传达的理念和价值观，有助于我们增强中华民族的文化自信。

希望这本《中国古代文学家》能够让读者掌握古代文学家的相关常识，增加对古代文学的兴趣，并帮助越来越多的人了解中国文化，建立文化自信。

目　录

第五章　宋元文学家

第六章　明清文学家

第一章

古代的
文学艺术

一、古代文学艺术的起源

"文学艺术起源于生产劳动"是马克思主义对文学艺术起源的解释。劳动是人类区别于其他动物的本质活动。人类在劳动中衍生出了语言和思想，语言和思想又为文学艺术的诞生创造了条件。

鲁迅先生曾在《且介亭杂文·门外文谈》中写道："我们的祖先的原始人，原是连话也不会说的，为了共同劳作，必需发表意见，才渐渐的练出复杂的声音来，假如那时大家抬木头，都觉得吃力了，却想不到发表，其中有一个叫道'杭育杭育'，那么，这就是创作……倘若用什么记号留存了下来，这就是文学。"

这里的"杭育杭育"，有点类似于我们今天的"加油"。这种有着韵律和节奏的劳动口号，就是早期诗歌的雏形。

《淮南子·道应训》中也有类似记载："今夫举大木

者，前呼'邪许'，后亦应之，此举重劝力之歌也。"所谓"举重劝力之歌"，就是人们在劳动时喊的有韵律和节奏的劳动口号。当时人们正是以"邪许"这样的口号来组织劳动的。

后来，这种劳动口号中加入有实际内容的字句，变得更有文学意义，也变得富有韵调与节奏感。就这样，简单和原始的劳动口号逐渐演变成更能表情达意的诗歌。

早期的诗歌会在呼声前后加一些语气助词。比如《吕氏春秋·音初篇》中记载的《候人歌》，其中有句"候人兮猗"，便是在"候人"后面加了"兮""猗"两个字符来表示呼叹。我国最早的诗歌总集《诗经》中，也有很多采用这种呼叹字符作为结尾的诗歌。比如，《硕人》中的"巧笑倩兮，美目盼兮"，《驺虞》中的"于嗟乎驺虞"，等等。

原始诗歌通常有两种类型，一是对先民日常劳动生活的描述。例如《吴越春秋·勾践阴谋外传》中所记载的《弹歌》："断竹，续竹，飞土，逐宍（ròu）。"这是一首记载人们打猎生活的诗歌，是人民群众劳动生活的真实反映。二是含有宗教色彩的诗歌。例如《礼记》中的《伊耆（qí）氏蜡辞》："土反其宅，水归其壑，昆虫毋作，草木归其泽！"这首诗歌是先民在年终祭祀百神时的咒语式祭歌。先民认为，祭祀时的歌谣可以让神化的土地、水、昆虫、草木等各归其位、各尽其职，这样才能不危害人类，才能保护农作物的生长。

　　总之，文学艺术植根于人类劳动，先民文学艺术活动与他们的集体生产劳动是密不可分的。

二、神话传说的产生

神话是通过人们的简单幻想，以一种不自觉的艺术方式加工过的自然和社会形式本身。换句话说，神话就是从先民想象中诞生出的产物。

提起神话，相信大家都不陌生，后羿射日、精卫填海、女娲补天等神话故事家喻户晓。时至今日，这些神话传说依旧广为流传。

这些神话传说在原始社会是如何产生的呢？

其实，神话传说的诞生，与先民的鬼神崇拜是分不开的。那时候，人类对大自然的认知十分匮乏，他们会将当时不能理解的事情归结到鬼神上。

先民认为，在天地之间必然存在一个主宰世间万物的神。基于这种思想，他们在后来的生产劳动中，会把人跟神结合起来想象，于是便创造出很多神话传说。

如果按照内容进行分类，这些神话传说可以分为六类：一为创世神话，如盘古开天辟地；二为始祖神话，诸如女娲补天、女娲造人等；三为洪水神话，如大禹治水、禹凿龙门等；四为战争神话，如上古时期黄帝和蚩尤之间的大战；五为发明神话，如燧人氏钻木取火、神农氏尝百草、仓颉造字等；六为抗争精神类神话，如精卫填海、夸父逐日等。

这些神话传说通过口耳相传的形式传到后世，其中大多被收录进了《山海经》《淮南子》《庄子》等典籍中，一直流传至今。得益于此，生活在现代的人们也可以感受神话的美好。

女娲补天

神话传说是中国古代最早的文学形式。它表现了先民对于自然的认知与美好的愿望，是古人对自然现象的一种疑问和解释，更是远古先民智慧的结晶。

三、我国古代文学的发展脉络

中国古代文学源远流长，它发端于远古时期的神话传说，终于明清时期的小说，在不同的历史时期有不同的文学体裁。

神话传说是我国古代文学的起源，是在上古时期出现的。到了先秦时期，散文和诗歌取代神话传说，成为这一时期的主流文学样式。

这一时期的散文主要有两种形式，分别是历史散文和诸子散文。历史散文主要包括《左传》《国语》《战国策》等，诸子散文主要有《论语》《墨子》《韩非子》《庄子》等。

除了散文，诗歌在这一时期

诸子散文

也得到了一定的发展，出现了《诗经》《楚辞》等流传甚广的诗歌总集。

两汉时期，辞赋、乐府民歌、历史散文等多种文学体裁并存。其中汉赋是这一时期出现的新文体，它是韵文和散文的结合体，铺叙是汉赋最大的特色。

汉赋是汉代文学的典型标志。贾谊的《吊屈原赋》，司马相如的《子虚赋》《上林赋》等，都是汉赋中的代表作品。乐府民歌大多是东汉时期的作品，《孔雀东南飞》《陌上桑》都是当时的名篇。散文在两汉时期依旧盛行，其中以贾谊的《过秦论》为代表。

到了魏晋南北朝时期，诗歌、骈文成为主流文学。这一时期，最具影响力的诗歌派别当属以"三曹"为代表的建安诗派和以陶渊明为代表的田园诗派；骈文也十分流行，骈文即文中多用对偶，多引经据典，多华丽辞藻的一种文体，代表作有庾信的《哀江南赋》、曹丕的《与朝歌令吴质书》；小说也悄悄萌芽，代表作有干宝的《搜神记》和刘义庆的《世说新语》。

唐代是诗歌的时代，无数优秀的诗歌产生于这一时期。当时颇负盛名的诗人有李白、杜甫、白居易、刘禹锡等。唐代的诗歌流派迭起，有以孟浩然和王维为代表的山水田园诗派，也有以高适、岑参为代表的边塞诗派。

到了宋代，词取代了诗歌，开始占据主导地位。当时词坛出现了两个派别，一个是以苏轼、辛弃疾为代表的豪放派，另一个是以柳永、李清照为代表的婉约派。此时出现了许多名作，如《水调歌头》《渔家傲》《满江红》《雨霖铃》等。

到了元代，元曲成为古代文学的典型代表，一批杂剧家、散曲家如雨后春笋般涌现出来。当时，关汉卿、马致远、白朴、郑光祖并称为"元曲四大家"，他们对元曲的发展作出了巨大的贡献。

明清时期，小说的发展日益兴盛，《西游记》《三国演义》《水浒传》《红楼梦》四大名著均诞生于这一时期。明清时期的小说题材日益多样化，主要有讲史小说、神魔小说、世情小说、公案小说等多种类型。

古代文学自远古时期一直流传至今日，源远流长，生生不息。

四、我国古代文学的当代价值

中国历经上下五千年，虽然封建王朝已经随历史的更迭而消失，但那些浩如烟海的文化典籍，汪洋恣肆的诗词歌赋，却如同美酒一样，越陈越香。我们必须承认古代文学在今天依旧熠熠生辉，有着不可替代的价值。

每一部文学作品的产生都并非偶然，它们大多是当时社会现实和作者境遇的反映，并且表达了作者的价值观。古代文学作品所传达出的价值观念对人是有教化作用的。

文天祥在《过零丁洋》中写下了千古名句"人生自古谁无死，留取丹心照汗青"。此诗写于诗人被敌军俘虏之时，饱含了他浓烈的爱国情怀，也表明了他随时准备为国捐躯的坚定信念。

苏轼在《定风波·莫听穿林打叶声》中写道："竹杖

芒鞋轻胜马，谁怕？一蓑烟雨任平生。"这首词是苏轼因"乌台诗案"被贬黄州时所作，表现了他旷达超脱的胸襟，展现出他的精神追求。

杜牧在《阿房宫赋》中写道："秦人不暇自哀，而后人哀之；后人哀之而不鉴之，亦使后人而复哀后人也。"这篇赋气势雄健，风格豪放，以阿房宫的兴建与毁灭，总结了秦朝亡国的历史教训，向唐朝统治者敲响了警钟，也表现了一个爱国文人忧国忧民的情怀。

王勃在《滕王阁序》里提及："老当益壮，宁移白首之心？穷且益坚，不坠青云之志。"这篇骈文序气势恢宏，将事、景、情融为一体，不但描写了滕王阁的壮丽寥廓，也抒发了作者愤懑悲凉又不甘沉沦的复杂感情。

魏征在《谏太宗十思疏》中写道："臣闻：求木之长者，必固其根本；欲流之远者，必浚其泉源；思国之安者，必积其德义。"这篇疏句式工整，气理充畅，且运用了大量比喻，生动形象地将道理述尽，向唐太宗提出了"十思"的建议。

张岱的《湖心亭看雪》中，以"莫说相公痴，更有痴似相公者"最有韵味。此篇散文描绘了雪后西湖宁静、清绝的场景，含蓄地表达了作者对故国的怀念之情。

……

　　古代文人经常游历祖国的名山大川，写下不少关于山水的文学作品。这些作品中的经典词句也成为现代景点的最佳宣传语。当人们读到这些绝美的词句时，就忍不住想要走近这些所写之处，去亲身感受祖国的大好河山之美。

　　杜甫的"会当凌绝顶，一览众山小"，不仅写出了泰山的高大巍峨，还表达了诗人敢攀顶峰、俯视一切的雄心和气概。滕王阁在王勃的笔下如诗如画。"潦水尽而寒潭清，烟光凝而暮山紫""落霞与孤鹜齐飞，秋水共长天一色"，如此美景，怎能不叫人心向往之。

　　古代文学作品可以帮助我们树立文化自信。我们也可以从这些文学作品中，学习诗词歌赋等文体的写作技巧，还可以在古代文学家的身上，吸取积极向上的精神养料，不断充实我们的内心。

　　中国古代文学虽历经千年，但其文学价值却没有衰减。我们应该将古代文学家身上的爱国、奋斗精神引入生活之中，只有这样，古代文学的价值才能得以体现。

第二章

先秦及两汉
文学家

一、列　子

　　列子是道家学派的代表人物，是道家学派中介于老子与庄子之间的承前启后的人物。《列子》是先秦时期的重要著作之一，内容多为民间故事、寓言故事及神话传说。这些故事具有一定的哲学道理，极具文学价值。

列子，名御寇，战国时期郑国人，一生未涉足官场，一直隐居于郑国，潜心修道。列子弟子众多，其弟子存名者主要有伯丰子、百丰、史疾等人。

　　列子的思想主张被收录于《列子》一书中。《汉书·艺文志》中收录《列子》八篇，已失传。现在流传的《列子》八篇，从思想内容和语言使用上看，可能是晋人张湛收集、整理的。该书八篇分别为《天瑞》《黄帝》《周穆王》《仲尼》《汤问》《力命》《杨朱》《说符》。其中《力命》篇认为"力"不胜"命"，主张乐天安命；《仲尼》篇主要阐述了列子的认识论，即遵循道的本性来认识世界。

我们耳熟能详的寓言、神话，很多都是出自《列子》一书。例如，"愚公移山"选自《列子·汤问》，"杞人忧天"出于《列子·天瑞》。除此之外，余音绕梁、高山流水、疑邻盗斧等成语典故也出自《列子》一书。

《列子》中也有很多至理名言。例如《列子·说符》中的"得时者昌，失时者亡"，这句话就强调了与时俱进的重要性；《列子·天瑞》中说"天地无全功，圣人无全能，万物无全用"，强调了这个世界上没有任何人和事物是完美的，不要过于追求完美。

《列子》对后世小说的创作也具有深远的影响。明代冯梦龙在《古今小说·序》中提到"韩非、列御寇诸人，小说之祖也"，后世小说中的许多题材都是以《列子》中的寓言故事为原型的。

《列子》在文学风格上与《庄子》类似，都极具浪漫主义色彩，并且也借用寓言、神话故事来传达深奥的哲学道理。

　　刘勰在其所著的《文心雕龙》中，对《列子》做出了极高的评价，"列御寇之书，气伟而采奇"。可以说，《列子》是一部智慧之书，篇篇闪烁着智慧的光芒，给人以启示。

二、庄子

庄子是道家学派的代表人物，与道家创始人老子并称"老庄"。庄子是先秦时期著名的思想家、哲学家、文学家，其作品皆收录于《庄子》一书中。

庄子，名周，战国时期宋国蒙（今河南商丘）人，曾经做过漆园吏这样的小官。《史记》记载，他曾多次拒绝各国国君的做官邀请，可见庄子是一个淡泊名利的人。

《庄子》是庄子的代表作，与《老子》《周易》并称为"三玄"，是魏晋玄学的根本依据。据说，由于庄子曾经隐居于南华山，天宝元年（742年），唐玄宗下诏，将庄子封为"南华真

人"。所以《庄子》一书又有《南华真经》之称。

《汉书·艺文志》中收录了庄子的散文五十二篇，但如今存世的仅剩三十三篇，其中包括内篇七篇、外篇十五篇和杂篇十一篇。人们普遍认为，内篇为庄子本人所作，外篇和杂篇多为庄子的弟子或者后来的学者所作。

庄子的散文极具浪漫主义色彩，在先秦诸子的散文中独具特色。总结起来，主要表现在以下两个方面。

首先，庄子在散文中使用了大量的神话故事，并且在文中还以虚构的寓言故事来进行论证，故事情节依托想象力而作，富有浪漫主义色彩。例如在《齐物论》中，他通过"南郭子綦（qì）隐机而坐""啮缺问乎王倪""瞿鹊子问乎长梧子"等寓言故事，解释了相对主义的认识论；而在《养生主》中，他又通过"庖丁解牛"的寓言故事，表明了自己为人处世的态度。

其次，庄子擅长使用比喻的修辞手法。清代宣颖就在《南华经解》中点明："庄子之文，长于譬喻，其玄映空明，解脱变化，有水月镜花之妙。且喻后出喻，喻中设喻，不啻峡云层起，海市幻生，从来无人及得。"《逍遥游》中的"怒而飞，其翼若垂天之云"，《大宗师》中的"今一以天地为大炉，以造化为大冶，恶乎往而不可哉"，《天运》中的"蛰虫始作，吾惊之以雷霆"，都运用了比喻这种修辞手法。庄子在其著作中巧妙地使用了明喻、暗喻、反喻等多种手法，让事物瞬间变得生动形象起来，为文章增添了许多神采。

　　庄子擅于用虚幻的寓言故事将晦涩难懂的哲学思想表达得绘声绘色。因此，庄子的作品又有"文学中的哲学，哲学中的文学"之称。

三、屈原

屈原是战国时期楚国人士，为楚国王室后代，自小受过良好的教育。屈原不仅是一位优秀的政治家，还是一位伟大的爱国诗人。他为后世留下许多脍炙人口的诗篇，他的爱国精神至今仍为人们传唱。

屈原，名平，字原，本姓半，曾任左徒、三间大夫，兼管当时的内政与外交事宜，深受楚国百姓的爱戴。后来，屈原因受旧贵族的排挤，遭到流放。楚国都城郢都被秦攻破后，屈原并没有选择独善其身，而是投入汨罗江，以身殉国。

提到屈原，就不得不说《楚辞》。楚辞本为楚地的歌辞，后来被屈原吸收精华，创作出《离骚》等名篇，最后由刘向整理成诗歌集。《楚辞》是中华文学史上第一部浪漫主义诗歌总集，开我国浪漫主义文学的先河。《楚辞》原收十六篇，包括《离骚》《天问》《九歌》《九章》《七谏》《九怀》《九叹》《九辩》《远游》《卜居》《渔父》《大招》《招魂》《惜誓》《招隐士》《哀时命》，后王逸增入己作《九思》，变成十七篇。其中最负盛名的当属《离骚》。

《离骚》是中国古代最长的抒情诗，为屈原晚年所作，司马迁在《报任安书》中写道："屈原放逐，乃赋《离骚》。"《离骚》这篇诗作所表达的思想内容可以分为两个部分，一是描述了诗人本人的理想同当时政治现实的对立；二是描述了诗人内心的痛苦与纠结，在进取和隐退之间不知该如何取舍。

《离骚》中"举贤而授能兮，循绳墨而不颇"一句将屈原的政治主张鲜明地体现出来。"举贤而授能兮"所表达的意思是选举贤能来治理国家，"循绳墨而不颇"的意思是修明法度，严格按照法度来办事。但是，这两项原则与当时贵族所认同的官位世袭制和"背法度而心治"背道而驰，屈原也因此遭到贵族集团排挤和打压，惨遭流放。

屈原在遭受了这一系列的打击后，心中极为愤懑不平。他的这些不满在诗中也有所体现。屈原在诗中怒斥贵族"竞进以贪婪""兴心而嫉妒""偭（miǎn）规矩而改错，背绳墨以追曲"，直指贵族阶级只顾个人利益，罔顾国家安危。同时，屈原还指出了统治者昏庸，听信奸佞小人的谗言，不辨忠邪。此外，诗人又以"虽萎绝其亦何伤兮，哀众芳之芜秽"表达了对于人才变质的惋惜。但是，即使面对这种境况，诗人也没有被眼前的困难所击倒，他依旧选择了忠于自己的理想："民生各有所乐兮，余独好修以为常。虽体解吾犹未变兮，岂余心之可惩！"

从屈原以身殉国的结局来看，他并没有选择隐退，明哲保身，而是选择以死来坚持自己的理想，反抗黑暗的政治统治。

四、枚　乘

　　西汉时期，汉赋日益渐兴，枚乘就是西汉文景时期重要的辞赋家之一。枚乘的代表作为《七发》，这部作品标志着汉大赋的形成，在辞赋的发展史上具有重要的地位。

　　枚乘，字叔，早年曾担任过吴王刘濞的文学侍从，后又成为梁王刘武的门客，汉景帝也曾召拜其为弘农都尉。汉武帝即位后，又以安车蒲轮（帝王用于迎送德高望重之人的一种方式）征其入京。可是，枚乘此时年事已高，还未到京便在途中去世了。

　　《汉书·艺文志》中记载枚乘赋有九篇，但是最终仅存《七发》一篇。这篇辞赋有浓厚的道家黄老学说的色彩，是枚乘在文学上最为瞩目的成就。这部作品的名字之所以为"七发"，李善在《文选·枚乘〈七发〉》的题解中曾经做了解释："《七发》者，说七事以起发太子也，犹

《楚辞·七谏》之流。"由于文中是通过七件事情来启发太子的,因此得名"七发"。

《七发》是一篇讽喻类型的作品。赋中假托楚太子有病,吴客前往探视,然后以二人对话问答的形式展开。吴客认为,楚太子之所以会生病,是因为其贪欲、享乐过度。这种病并不能通过简单的用药和针灸就可以治好,须"以要言妙道说而去也",即只能通过启发思想、振作精神的办法来治疗。随后,二人就治病的策略发起了讨论。

吴客分别对音乐、饮食、车马、宫苑、田猎、观涛六种疗法进行讲述,一步步去启发太子,来诱导他改变生活方式。前四种疗法均被太子以生病为由拒绝了,直到讲到田猎和观涛,太子才面露喜色,顿时感觉病已经好了一半。但是这两种疗法也不能根治此病,治疗此病的根本之法在于以"要言妙道"来转移他的志趣。最后,吴客提出"论天下之精微,理万物之是非",太子回以"涣然若一听圣人辩士之言,涩(niǎn)然汗出,霍然病已"。

枚乘除了在辞赋上成绩斐然，还有《谏吴王书》和《重谏吴王书》两篇散文流传后世。这两篇文章都是为劝阻吴王刘濞不要谋反而作。

枚乘所作的《七发》不仅是汉大赋的开篇之作，而且也首开连写七件事的文章结构，被后世所沿袭。后来张衡的《七辩》、曹植的《七启》等，都是采用了这种写作结构，但是它们的文学影响皆不如枚乘所作的《七发》。

五、贾　谊

　　贾谊是西汉初年著名的文学家和政论家，极具文学天赋，十八岁时就因写得一手好文章而名声大噪。他的文学成就主要有散文和辞赋两大类。

　　贾谊，河南洛阳人，汉文帝时期曾担任博士、太中大夫，后来因遭受排挤，被贬谪为长沙王太傅，因此又有"贾长沙""贾太傅"之称。

　　《汉书·艺文志》记载贾谊的散文共五十八篇，这些散文均收录在《新书》中。贾谊的散文大致上可以分为三类：一为政论性散文，《过秦论》《大政》两篇就是典型的政论文；二是就社会中具体问题发表看法的疏牍文，如《陈政事疏》；三是杂论散文，《新书》后六卷"连语""杂事"都属于这类。

　　《新书》是贾谊的著作集，因此又被称为《贾子》，由西汉刘向编辑整理而成。其中最为著名的莫过于开篇之作

《过秦论》。《过秦论》写于西汉文帝时期，此时的汉朝从表面上看处于"太平盛世"之中，但是贾谊却透过表象看到了繁荣背后所隐含的危机。于是他就写了《过秦论》这篇政论文，分为上、中、下三篇，通过指出秦朝在政治上的过失，总结秦朝二世而亡的教训，来劝诫汉文帝应吸取秦亡的教训，建立制度，以稳固西汉王朝的江山社稷。

汉文帝二年（前178年），贾谊根据当时西汉弃农经商、淫奢之风渐长的现象，向汉文帝递了一篇名为《论积贮疏》的奏章，这也是贾谊的政论文之一。他在文中向汉文帝提出了"重农抑商"的经济政策，鼓励大力发展农业，重视农业生产，增加粮食积贮。

贾谊

除了散文外，贾谊在辞赋上也卓有成就，其中以《吊屈原赋》和《鵩（fú）鸟赋》最为著名。这两篇赋作都是贾谊被贬谪长沙时所作。他在到长沙赴任的途中，经过湘水地区时，想起屈原曾被放逐至此地，于是有感而发，写下了《吊屈原赋》。《吊屈原赋》表达了贾谊对竭力事君却不被信任的屈原的同情，同时通过凭吊屈原，来抒发自己壮志难酬的愤懑之情。

《鹏鸟赋》是贾谊在长沙做官期间所作。一天，一只鹏鸟飞进了贾谊的住所。由于其长相神似猫头鹰，被人们视为不祥之鸟，加之当时贾谊遭贬心情不好，便认为自己命不久矣，于是就写了这篇《鹏鸟赋》来宽慰自己。这篇作品借老庄学说中的"万物变化"之理，来表达不必计较一时的荣辱与得失。这也是贾谊在遭贬谪之后的一种自我安慰。

谪居长沙几年后，汉文帝想念贾谊，便将其召入京城，与之畅谈。贾谊回京后，汉文帝任命他为梁怀王太傅。他先后多次上疏陈治安之道，这些奏疏被后世史家称为《治安策》。

汉文帝十一年（前169年），贾谊跟随梁怀王入朝。可世事无常，没过多久梁怀王坠马而死。贾谊身为太傅十分自责，心情也非常忧郁。第二年，贾谊在忧郁中死去，年仅三十三岁。

六、司马相如

　　司马相如是西汉时期的辞赋名家，被后世称为"辞宗""赋圣"，与扬雄、班固、张衡并称为"汉赋四大家"。司马相如精通写辞赋和散文，其代表作有《子虚赋》《上林赋》《大人赋》《长门赋》《难蜀父老》《封禅文》等。

　　司马相如，字长卿，蜀郡成都人。司马相如本名犬子，因仰慕名相蔺相如，才更名为司马相如。汉景帝时期，司马相如用钱换了一个武骑常侍的官职，后因病退职，前往梁地与志同道合的邹阳、枚乘等辞赋家共事。在这一时期，他为梁孝王刘武写下了《子虚赋》。

　　《子虚赋》记述的是诸侯王打猎的故事，文中围绕楚国子虚先生和齐国乌有先生这两个虚构人物的相互夸耀而展开，采用的是一问一答人物对话的形式。

　　汉武帝刘彻在位时，偶然读到了《子虚赋》，大为赞赏。掌管皇帝猎犬的狗监杨得意趁机引荐："此赋乃是我的同乡司马相如所作。"汉武帝听后大喜，立刻召司马相如进京觐见。

司马相如见到汉武帝后表示，可以再为他作一首天子打猎的辞赋，这就是《子虚赋》的姊妹篇《上林赋》。《上林赋》与《子虚赋》的内容相接，在子虚、乌有先生的基础上，又增加了一个虚构人物亡是公。《上林赋》中，亡是公叙述的上林苑的壮丽以及天子射猎的盛举，与齐、楚诸侯王形成对比，表明齐、楚诸侯王的狩猎规模与天子的相比，根本不值一提。

子虚与乌有

司马相如的《子虚赋》《上林赋》作为汉代新体赋的典型代表，有着铺张扬厉、场面描绘宏伟壮观、辞藻华丽等文学特点。司马相如还在文中多使用排比、对偶句，赋予了文章华丽的词采，例如"撞千石之钟，立万石之虡（jù）；建翠华之旗，树灵鼍（tuó）之鼓。奏陶唐氏之舞，听葛天氏之歌；千人唱，万人和；山陵为之震动，川谷为之荡波"，使人读起来有气势磅礴之感。

司马相如不仅因辞赋而闻名，他与才女卓文君的爱情历来也为人称道。司马相如与卓文君相识于一次宴会上，司马相如当众抚琴，卓文君则芳心暗许。为向卓文君表达自己的爱意，司马相如曾写过一篇《凤求凰》，他将自己比喻为凤，将卓文君比喻为凰，借这篇赋来表达对卓文君的倾慕之情。

司马相如与卓文君的爱情遭到了卓文君父亲卓王孙的反对，二人便选择了私奔出逃，来捍卫他们的爱情。后来，卓王孙被二人的真情所感动，接纳了他们。

鲁迅曾在《汉文学史纲要》中对司马相如做出评价："武帝时文人，赋莫若司马相如，文莫若司马迁。"司马相如能和写出史学著作的司马迁齐名，足见其在辞赋上的影响力。

六、扬 雄

扬雄，西汉末年著名的文学家和思想家，"汉赋四大家"之一。他在辞赋方面的代表作为"扬雄四赋"，此外还著有散文《太玄》《法言》《方言》等。

扬雄，字子云，蜀郡郫县（今四川成都郫都）人。汉成帝时期，因同乡杨庄的推荐，入宫为皇帝作《甘泉赋》《河东赋》等，因此被授给事黄门侍郎。他是儒家思想的推崇者，也是道家思想的继承和发展者。因此，他的作品中体现了一定的儒家和道家思想。

扬雄的《法言》是模仿儒家经典《论语》而作。他在《法言》中主张文学应以宗经、征圣思想为指导，以儒家著作为典范。这种文学思想对南朝文学家刘勰创作《文心雕龙》时产生了一定的影响。

扬雄在辞赋上卓有成就，早期的作品以"扬雄四赋"著称，分别是《河东赋》《甘泉赋》《羽猎赋》《长杨赋》，史称"四大赋"。

早期的扬雄非常崇拜司马相如，《羽猎赋》和《长杨赋》这两篇作品无论是形式还是内容，都借鉴了司马相如的《子虚赋》和《上林赋》。这两篇赋同样是以天子好猎为题材，扬雄认为汉成帝每狩猎一次，都会"颇扰于农人"，而且会耗费许多人力和物力资源。所以他作此文就是为了暗讽成帝贪图享乐，不知勤政

为民，并建议他应以高祖、文帝、武帝为榜样，做一位勤政爱民的仁君。

《河东赋》是写于天子巡游之后。扬雄在赋中将汉成帝宏大的出行场面与天子自身的丰功伟绩相联系，希望通过这篇文章来警示天子要懂得反省自己的言行得失。

在扬雄的四大赋中，以《甘泉赋》成就最高。该赋采用骚体形式进行写作，但扬雄赋予了这种文学体裁新的表现形式。原本骚体只是用于言志抒情，扬雄却另辟蹊径，用来书写汉代的盛世和天子的声威，从而丰富了骚体的写作内容。

扬雄作此赋是因为不满汉成帝铺张浪费，在奢华的甘泉苑周边大兴园林。他在文中使用了极为华丽夸张的辞藻，来大肆渲染甘泉宫的穷奢极侈，称它"似紫宫之峥嵘"，想要借此赋来讽谏帝王，希望统治者能有所警戒。

从扬雄前期的作品我们可以看出，此时的他饱含政治热情，对于统治者有着极高的期望，作品大都极具现实意义。但是到了后期，他历经政坛上的失意和生活上的清贫，热情渐退，此时的作品更加关注自身和反思人生，对现实的批判也更加深刻。这一时期的作品主要以《解嘲》《逐贫赋》《酒赋》为代表。

其中，《解嘲》这首赋描写了汉代制度的某些弊端和当时社会的现状，表达了扬雄反对压抑人才，主张重贤任能的思想，同时抒发了其有志难酬的悲愤之情。

晚年的扬雄对辞赋的看法开始发生改变，甚至还发表了作赋"壮夫不为"，作赋乃是"童子雕虫篆刻"的言论。他还建议将楚辞与汉赋的优劣区分开。扬雄关于辞赋的评论，对后世文人对赋的评价有着一定的影响，尤其是刘勰、韩愈等人，受扬雄的影响颇深。

第三章

魏晋南北朝文学家

一、曹 操

魏晋南北朝时期是我国文学快速发展的时期，"三曹"和"七子"是这一时期的文学代表。"三曹"即曹操、曹丕和曹植。其中，曹操是建安文学新局面的开创者，也是"三曹"中名声最大的。其作品意境高远，胸襟广阔，是三国时代的佳作。

曹操，字孟德，他不仅是三国时期杰出的政治家和军事家，而且是一名伟大的文学家，在诗歌上有很大的成就。《观沧海》《短歌行》《薤（xiè）露行》《蒿里行》等，皆为曹操的传世名篇。

曹操的诗歌大多为乐府诗体，今存世二十余篇。从写作题材上来看，可分为三类。

一是与时事相关联的题材，比如《薤露行》《蒿里行》《苦寒行》《步出夏门行》等。其中《薤露行》和《蒿里行》两诗是曹操在建安初年创作。《薤露行》是一首五言古诗，通过对汉末董卓之乱前因后果的讲述，表达了曹操对于汉室倾覆、人民遭受离乱之苦的哀伤与悲叹。《蒿里行》同样是一首五言古诗，曹操以民歌的形式记述了汉末军阀混战、百姓流离失所的社会现状，并对造成这种现状的元凶给予了鞭笞，同时也表现了曹操作为一个军事家、政治家的豪迈气魄和忧患意识。

二是与表达理想相关的题材，例如《度关山》《对酒》《短歌行》等。其中《度关山》和《对酒》两诗写的是政治理想，表达了曹操希求建立一个儒法并重、礼刑互用的太平盛世。《短歌行》表达的则是曹操想要招揽贤才的渴望。其中，"山不厌高，海不厌深，周公吐哺，天下归心"表达了曹操希望通过觅得贤才，来助自己完成大业的意愿。

三是游仙类诗歌，《陌上桑》《精列》《秋胡行二首》等都是曹操游仙诗的代表作。游仙诗大多为曹操晚年的作品，此时的曹操已进入暮年，但是统一天下的大业却还未完成，心中充满着壮志未酬的苦闷之情。面对事业未竟但生命却已走到尽头的这种现状，曹操只能用道家思想来宽慰

自已，并作游仙诗排解内心的苦闷。

曹操诗歌的艺术风格也是自成一派，大多朴实无华，不用华丽的语言加以修饰，所表达的感情极为真挚。诗歌的感情基调以慷慨悲凉为主，这是建安文学诗歌的共同基调，但在曹操的诗中表现得最为淋漓尽致。

曹操的诗不仅对建安文学影响巨大，对后世的诗歌创作更是意义非凡。曹操所写的《观沧海》《短歌行》等名篇，让四言诗继《诗经》之后再放光彩；还有他的乐府诗体给予了后世新乐府诗以及新乐府运动很大的启示。可以说，曹操的诗作对于促进后世诗歌的发展发挥了极大的作用。

二、曹　植

　　"三曹"中以曹植的文学成就最高，他写的文章在两晋南北朝时期甚至被称作"文学典范"。南朝钟嵘在《诗品》中将曹植的作品列为"上品"，且对其极尽赞美之词，认为他"骨气奇高，词采华茂，情兼雅怨，体被文质，粲溢今古，卓而不群"。

　　曹植，字子建，为曹操第三子。他是三国时期著名的文学家，也是建安文学的集大成者。曹植的代表作有《洛神赋》《白马篇》《七步诗》等。南朝文学家谢灵运赞曹植才高八斗，声称："天下才共一石（十斗），曹子建独得八斗，我得一斗，自古及今共用一斗。"

　　常言道，创作来源于生活。曹植的文风以曹丕即位为分界线，可以分为前期和后期，他的文学创作在这两个阶段所表达的感情是迥然不同的。

　　前期，曹植意气风发，心怀西灭"违命之蜀"，东灭

"不臣之吴"的政治理想，渴求一统天下，建功立业。他曾在《薤露行》中表达过自己的政治抱负："愿得展功勤，输力于明君。怀此王佐才，慷慨独不群。"

曹植前期的文学作品以《白马篇》为代表。由于这首诗的主人公是一位边塞游侠，因此又名《游侠篇》。诗中塑造了一位武艺高超、渴望为国建功立业，甚至不惜牺牲自己生命的游侠形象，诗人也借此表明了自己渴望建功立业的强烈愿望。

曹丕的即位完全改变了曹植的既定轨迹。曹植因受兄长的猜忌与迫害，连带着他的文风也有所改变，写了许多反映人民群众底层生活的诗篇。例如《梁甫行》一诗中记述的就是海边人民的贫困生活。诗中如是说："八方各异气，千里殊风雨。剧哉边海民，寄身于草野。妻子象禽兽，行止依林阻。柴门何萧条，狐兔翔我宇。"

《世说新语》记载了曹植和曹丕两兄弟的故事，相传曹丕曾命曹植七步成诗，如果他做不到，便要受刑。曹植见状，便作了那首在后世流传甚广的《七步诗》："煮豆持作羹，漉菽以为汁。其在釜下燃，豆在釜中泣。本自同根生，相煎何太急？"此诗可以说道出了诗人不愿兄弟相残的愿望，也鲜明地展现了曹植当时处境的艰难。曹植的作品中诸如这样写自己处境的还有许多，在《赠白马王彪》《吁嗟篇》中都有所体现。

曹植的诗歌对后世的影响甚至高于其父曹操，在他的笔下完成了乐府民歌到文人诗的转变。他的诗风对于后世李白、杜甫等诗界翘楚的行文风格都有极大的影响。

曹植与同时期的文学家"建安七子"——孔融、陈琳、王粲、徐干、阮瑀、应玚、刘桢等人，共同缔造了一个伟大的建安时代。

三、傅 玄

傅玄为西晋时期名臣，曾担任过晋朝开国皇帝司马炎的谏官。他曾给晋武帝司马炎上书，认为应撤除一些闲散职位，并将天下所有人按照士、农、工、商进行分类，以儒学为尊，以农业为贵。

傅玄，字休奕，北地郡泥阳县（今陕西铜川）人，我国古代著名文学家及思想家。他出身于北地傅氏，少时便博学多才、文采斐然。为了躲避战乱，他跟随父亲来到了河内，开始专心研究经史子集，并着手撰写《傅子》一书。《傅子》是一本评论著作，主要写了一些对于诸子学说和历史故事的评论，以宣扬儒家思想为主。

傅玄不仅擅长史传、政论，对于诗赋、散文也有很高造诣，在诗歌上的成就尤为突出。他擅长写乐府诗，如今共存诗六十余首。他的诗作多反映社会现实，尤其是反映与妇女相关的社会问题。例如《豫章行苦相篇》通过对封建女子一生的叙述，映射了封建社会重男轻女的现状，表达了傅玄对女子深切的同情。

《秦女休行》一诗则通过写烈妇赵娥为父亲报仇，手刃仇人，塑造了一位巾帼不让须眉的女性英雄形象，表达了傅玄对赵娥这一行为的赞扬。傅玄敢于站在封建正统思想的对立面，在他的诗作中咏叹女子，这在封建社会是极为难能可贵的。

此外，傅玄也经常写一些爱情类的小诗，例如《西长安行》《车遥遥篇》《云歌》《杂言》等。其中最具特色的当属《杂言》，全诗只有"雷隐隐，感妾心。倾耳清听非车音"这十几个字，但是傅玄却将妇人对心上人极为思念的情态描摹得很是传神。

傅玄的《云歌》一诗也比较特殊，兼有四言和七言，是一首杂言诗。诗中写道："白云翩翩翔天庭，流景仿佛非君形。白云飘飘，舍我高翔。青云徘徊，为我愁肠。"傅玄的这种长短句诗歌形式对后世诗人的创作产生了一定的影响。

　　傅玄的作品大多取材于历史事件，很少有他亲身经历在其中。进入晋朝以后，士族门阀制度日益盛行，因此这一时期的士族文人大多远离社会，所以他们的作品形式华美，却缺乏现实内容。这一点在傅玄的作品中体现得也较为明显。比如《秋胡行》，歌咏的是秋胡戏妻的故事，而这个故事最早见于刘向的《列女传》。

　　在魏晋时期的诗风变革中，傅玄的诗歌既继承了建安诗风，又有其标新立异的风格，对太康文学产生了一定的影响。可以说，在建安到太康的诗歌发展中，傅玄是其中重要的桥梁。

四、陶渊明

要说古代的伟大诗人，陶渊明绝对是其中之一。

蔡绦在《西清诗话》中曾评价陶渊明："渊明意趣真古，清淡之宗，诗家视渊明，犹孔门视伯夷也。"朱熹在《朱子语类》中曾言："渊明所说者庄、老，然辞却简古……陶渊明诗，人皆说是平淡，据某看，他自豪放，但豪放得来不觉耳。"

陶渊明，名潜，字渊明，因自家院子中长了五棵柳树，自号"五柳先生"。陶渊明是田园诗派的开山鼻祖，被誉为"隐逸诗人之宗"。

陶渊明传世作品极为丰富，现存诗作一百二十余首，其中以《归园田居》和《饮酒》流传最广。此外还有散文六篇，辞赋三篇，以及《读史述九章》和《扇上画赞》两篇接近四言诗的韵文。

陶渊明的一生可以分为三个阶段，每一个阶段的文学风格略有不同。第一阶段是陶渊明三十岁以前，这一时期主要为读书时期。陶渊明曾写了一篇自传，名为《五柳先生传》，他在文中表明了自己的三大志趣，一为读书，二是饮酒，三为写文章。该自传表达了作者不慕名利，期望以诗、酒自乐的情怀。

第二阶段便是陶渊明三十岁到四十一岁左右，在这一时期，他一直在做官和归隐之间反复。义熙元年（405 年），这是他最后一次入仕，后来因不为五斗米折腰而归隐。著名的《归去来兮辞》便是这一时期的作品，是他决定归隐田园时所作。文中写了他决定归隐时的喜悦以及对田园生活的热爱，"舟遥遥以轻

飏，风飘飘而吹衣。问征夫以前路，恨晨光之熹微。乃瞻衡宇，载欣载奔"形象地表现了诗人的喜悦心情。

第三阶段则是四十一岁以后，陶渊明选择彻底远离官场，归隐田园，躬耕于乡野之间。归园后的二十年是他创作最为丰富的时期。《桃花源记》是这一时期散文的代表作，此文为我们展现了诗人心中的理想生活，令人心驰

神往。

除此之外，诸如《饮酒》《归园田居》等田园诗也是陶渊明第三阶段的作品。《归园田居》第三首中就描写了劳动生活的内容："种豆南山下，草盛豆苗稀。晨兴理荒秽，带月荷锄归。道狭草木长，夕露沾我衣。衣沾不足惜，但使愿无违。"这首诗细致入微地描写了诗人下田躬耕的画面。

陶渊明还写过反映他晚年贫困状况的诗歌。《有会而作》中写道："弱年逢家乏，老至更长饥。菽麦实所羡，孰敢慕甘肥！"这首诗描述了作者晚年遭遇天灾，饥寒交迫的情形，这同样也是农民日常生活的真实写照。

陶渊明将田园生活引进了诗坛，为中国诗歌的发展开辟了一片新的天地。他的田园隐逸诗对后世诗人有很大的影响。杜甫诗云："宽心应是酒，遣兴莫过诗。此意陶潜解，吾生后汝期。"苏东坡更作《和陶止酒》《和陶杂诗十一首》等诗，可见陶渊明对他的影响。欧阳修曾评价："晋无文章，唯陶渊明《归去来兮辞》一篇而已。"

五、谢灵运

谢灵运是南北朝时期著名的山水诗人。山水诗起源于先秦时代，《诗经》与《楚辞》之中就有一些描写山水风景的诗句。谢灵运是历史上第一位全力创作山水诗的人，为山水诗的发展奠定了基础。

谢灵运，名公义，字灵运，祖籍陈郡阳夏（今河南太康附近），世居会稽郡（今浙江绍兴），为山水诗的开山鼻祖。现存诗作近百首，其中有三十八首是较为完整的山水诗。诸如《石壁精舍还湖中作》《石门岩上宿》《登池上楼》《岁暮》等都是他山水诗中的代表作品。

谢灵运的山水诗大部分采用"叙事——写景——抒情"的结构方式。例如在《石壁精舍还湖中作》一诗中，先以"昏旦变气候，山水含清晖。清晖能娱人，游子憺忘归。出谷日尚早，入舟阳已微"总写自己一天游石壁的观感，后又以"林壑敛暝色，云霞收夕霏。芰荷迭映蔚，蒲稗相因依。披拂趋南径，愉悦偃东扉"详写了湖中晚景，最后两句"虑澹物自轻，意惬理无违。寄言摄生客，试用此道推"写出游后的感悟。

谢灵运的山水诗具有"雕琢"与"自然"并存的特点。雕琢指的是对自然的一种细致拟态，对景物、人物的细致刻画。如《初去郡》一诗中，"野旷沙岸净，天高秋月明"的"旷"字和"高"字就写出了平芜的阔大。谢灵运的山水诗可以真实自然地呈现山水风景，与"雕琢"这一艺术手法密不可分。

《石壁精舍还湖中作》一诗中就以"雕琢"手法来刻画傍晚诗人泛舟湖上所看到的景色。譬如"林壑敛暝色，云霞收夕霏"写的是薄暮景色。诗中并没有使用华丽的语言多加修饰，却将当时的情境书写得极为传神，使人通过这些文字就能感受景色之美。

《宋书·谢灵运传》曾言："灵运诗、书，皆兼独绝，每文竟，手自写之，文帝称为'二宝'。"不仅南朝宋文帝刘义隆将谢灵运的诗、书视为珍宝，后世李白、杜甫、王维、孟浩然等诗人，也都曾效法谢灵运的写作方式。这足以见谢灵运在诗歌史上的影响之大。

六、刘义庆

　　刘义庆是南北朝时期的文学家，他的代表作品为《世说新语》。《世说新语》是一部文言志人小说集，是魏晋轶事小说的集大成之作。值得一提的是，《世说新语》并非刘义庆一人所作，而是他与一众文人共同编撰成的，是一部集体作品。

　　刘义庆，字季伯，彭城（今江苏徐州）人，南朝宋宗室。永初元年（420年）封临川王，历任秘书监、尚书左仆射、中书令、江州刺史等职位。他在文学上的最大成就便是《世说新语》。

　　刘义庆自少年时便才华出众、聪明过人，十三岁时受封南郡公。元嘉元年（424年），刘义庆被擢升为秘书监，负责掌管国家藏书。他也因此有机会接触一些历史典籍，这为他后期组织门客编写《世说新语》打下了良好的基础。元嘉六年（429年），被提拔为尚书左仆射，位极人臣。

　　但刘义庆的志向并不在官场，他对于皇室中的权力斗争极为厌恶。于是他主动提出离职，解除了尚书左仆射一职，外调至荆州担任刺史，后又调任江州刺史。

　　刘义庆在出任江州刺史期间，组织门下的文人共同编写了《世说新语》一书。《世说新语》按照所写内容进行分类，分为德行、言语、政事、文学、方正、雅量、识鉴等三十六种门类，主要记载了东汉后期到魏晋时期一些名士的言行与轶事，文体为笔记小说类型。

刘义庆

　　《世说新语》篇幅短小精悍，故事幽默有趣，极为引人入胜。鲁迅先生曾在《中国小说史略》中用"记言则玄远冷隽，记行则高简瑰奇"来概括《世说新语》的艺术特色。

　　书中多以简短的小故事向读者传达一些哲学道理。例如《世说新语·方正》中的"管中窥豹，时见一斑"一句，告诉我们看问题应全面；《世说新语·言语》中言："覆巢之下，安有完卵"，所传达的意思是，如果整体出现了问题，那个体也必然不复存在。

遗憾的是，就在《世说新语》一书刚刚编成时，刘义庆就因患病离开了扬州，回到京城，不久之后就因病逝世了，年仅四十一岁。

除了《世说新语》外，刘义庆还组织编写了《幽明录》《宣验记》等著作，但是现在都已经散失，如今仅存《世说新语》一书。

刘义庆虽说一生平步青云，官居要职，但他自身其实并不热衷于官场。《宋书·刘道规传》中评价刘义庆"性简素""爱好文义""招聚文学之士，近远必至"。

七、刘　勰

刘勰为南朝时期梁国人士，是当时著名的文学理论家和批评家，著有《文心雕龙》一书。《文心雕龙》是一本文学评论著作，与刘知几的《史通》、章学诚的《文史通义》并称为"文史批评三大名著"。

刘勰少时家贫，喜好读书。南齐永明二年（484年），他进入钟山定林寺，期间阅读了大量的佛教书籍。南齐末年，写成《文心雕龙》一书。梁武帝时，历任奉朝请、东宫通事舍人等职，为昭明太子萧统所重。晚年出家为僧，法号慧地。

《文心雕龙》共有十卷，由总论、文体论、创作论和批评论四大部分构成。总论中包含《辨骚》《原道》《宗经》等，文体论中包含《诸子》《乐府》等，创作论中包括《神思》《比兴》等，批评论中包括《时序》《知音》等。

刘勰为此书取"文心雕龙"之名，也是别有深意。书中《序志》篇对"文心"进行了解释："文心者，言为文之用心也。"这种说法参考了陆机《文赋》中的"余每观才士之所作，窃有以得其用心"。"雕龙"二字则出自《史记·孟子荀卿列传》中记载的"雕龙奭（shì）"，意思是齐国一位名叫邹奭的人写出的文章像细致雕琢的龙纹一样精美。所以"文心雕龙"表达的意思是写文章一定要用心，只有这样才能创作出优秀的作品。

刘勰正是抱着这样的初心创作了《文心雕龙》这部著作。他在总论中先论述了创作文章的根本原则，《原道》中首先声明文章是"与天地并生"的，又在《宗经》中表明五经为创作文章的本源，并且在其中提出了关于文章写作的六点要求："故文能宗经，体有六义，一则情深而不诡，二则风清而不杂，三则事信

而不诞，四则义直而不回，五则体约而不芜，六则文丽而不淫。"即一篇好的文章应做到感情真挚、风格清新、记事真实、意义正确、风格简练以及文辞华丽。

刘勰在文体论中阐述了各体文章的性质、历史发展以

及写作要点。例如在《诸子》篇中他论述了先秦诸子百家著作的性质和特点，对《庄子》《列子》等著作予以肯定。在《乐府》篇中讲述了乐府这种诗歌体裁的起源和教育作用，并且阐述了汉、魏、晋时期乐府诗的历史。

在创作论中，刘勰记述了写作应当注意的语言风格、思维方式、内容形式等问题。例如在《风骨》篇中他强调写文章要有风骨，即"怊怅述情，必始乎风；沉吟铺辞，莫先于骨"。"风"，是指文章要有高尚的思想和真挚的感情；"骨"，指的是文章应有坚实的内容和清晰的条理。

批评论里，刘勰则集中阐述了文学批评的标准、方法。他肯定了陆机、曹植等魏晋时期文人文章中的可取之处，同时也指出了其中的一些弊病。他认为任何文章都是可以理解和批评的。

刘勰最大的文学成就是编写了《文心雕龙》这一文学批评著作。他在书中提出了"文变染乎世情，兴废系乎时序"的观点，即文学的兴衰与时代发展息息相关。这种服务于时代的"时文"观，至今依然有着重要意义。

第四章

隋唐文学家

一、王 勃

王勃，初唐时期文学家，与杨炯、卢照邻、骆宾王并称为"初唐四杰"。王勃自小就聪慧无比，六岁能作诗，九岁能通读颜师古的《汉书注》，并作《指瑕》，为其纠错，被视作神童。然而，如此有才情的王勃却不到三十岁便溺海而死。

王勃，字子安，绛州龙门（今山西河津）人，十几岁就通过了科举中幽素科的考试，被授予朝散郎的官职。

步入仕途后，王勃依旧坚持创作，在辞赋和诗歌方面都取得了不小的成就。王勃擅长写骈体赋，曾为沛王作过一篇名为《檄英王鸡》的赋。唐朝初年盛行斗鸡游戏，他担任沛王府修撰期间，有一次恰逢沛王与英王斗鸡，就作了这篇《檄英王鸡》来为沛王助兴。谁知唐高宗李治看了后龙颜大怒，认为这篇文章会导致诸王之间产生矛盾，便因此免去了王勃的官职。

王勃赋作中最为著名的作品当属《滕王阁序》，这是一篇骈体赋。骈体赋文体的特点是全篇多以对偶句呈现，文中多用四字句和六字句，兼有杂言，句法整齐，善用典故，讲究声律。《滕王阁序》中用典次数多达四十六次，例如文中"冯唐易老，李广难封"便引用了西汉早期冯唐和李广两个历史人物，"孟尝高洁，空余报国之情"引用的是《后汉书》中孟尝的典故。《滕王阁序》先写景再抒情，既表达了王勃的乐观豁达，又抒发了他怀才不遇的苦闷。

除了《滕王阁序》这篇脍炙人口的佳作，王勃还有许多诗歌流传后世。王勃擅长写五言律诗，其中最为著名的便是《送杜少府之任蜀州》。这是王勃写给一位朋友的送别诗，借此诗来宽慰友人不要在离别时伤心。诗中"海内存知己，天涯若比邻"一句在今天依旧为人们所传唱。

王勃虽然英年早逝，但是他少年时就才气非凡，因此流传下来的诗歌数量并不少。除

了这首著名的《送杜少府之任蜀州》，他还作过描写江边月夜美景的《江亭夜月送别》，表达思乡之情的《羁春》，以及抒发对现实的不满，感叹人生悲苦的《别薛华》。

王勃的生命虽然短暂，而且一直颠沛流离，但他所写的诗歌和辞赋都影响深远，被人们一代代传颂。其中《滕王阁序》对后世影响最大，标志着古典散文的逐步兴起。

二、王昌龄

王昌龄是唐代著名的边塞诗人，他之所以可以将边塞诗写得如此真实，是因为他曾经游历边塞。王昌龄曾在二十七岁时赴河陇，出玉门，他笔下的边塞诗大多写于此时。王昌龄的边塞诗代表作主要有《出塞二首》《从军行七首》等。

王昌龄，字少伯，河东晋阳（今山西太原）人。于开元十五年（727年）进士及第，曾任校书郎、汜水县尉、江宁县丞等职。安史之乱爆发时，王昌龄惨遭亳州刺史闾丘晓杀害。有史学家分析，闾丘晓之所以杀了王昌龄，是因为嫉妒他的才能。

王昌龄如今存诗一百八十一首，其中多以五言古诗和七言绝句为主。王昌龄尤其擅长写七绝，故又有"七绝圣手"之称。

王昌龄诗歌的题材以边塞诗为主，兼有送别、闺怨诗。

王昌龄的边塞诗中有无数的名篇，《从军行七首》是其中佳作。《从军行七首·其四》中写："青海长云暗雪山，孤城遥望玉门关。黄沙百战穿金甲，不破楼兰终不还。"此诗前两句写景，后两句抒情。诗人以雪山和孤城开篇，描写了悲凉萧条的边塞风景；尾句情景交融，描绘出了战事的频繁以及战斗的艰苦，表达了作者对戍边将士的钦佩之情。

《出塞二首》也是王昌龄边塞诗中的名作，曾被推为唐人七绝的压卷之作。第一首诗中写道："秦时明月汉时关，万里长征人未还。但使龙城飞将在，不教胡马度阴山。"本诗也是从写景入手，将秦汉以来的千年历史与当时明月笼罩下的边关巧妙地融合起来，表达了诗人对于战争胜利的渴望和期盼。他期盼国家早日得到安宁，百姓早日过上安定的生活。

他的一些闺怨诗也写得极为出色。例如他的《长信秋词五首》和《闺怨》，都是著名的闺怨诗。《闺怨》一诗中写道："闺中少妇不知愁，春日凝妆上翠楼。忽见陌头杨柳色，悔教夫婿觅封侯。"唐代前期，从军远征，立功可以封侯，是普通人改变命运的机会。本诗中闺中少妇的丈夫应是为了"封侯"选择了从戎远征，独留妻子在家中。诗中最后一句写少妇登楼望见杨柳时，勾起情思，悔恨当初为了功名劝勉夫婿从军。

王昌龄一生还写过不少送别诗，例如《送李十五》《送窦七》《送任五之桂林》等。送别诗中最为出名的当属《芙蓉楼送辛渐》，其中"洛阳亲友如相问，一片冰心在玉壶"是流传千古的名句。

王昌龄的诗数量多，题材广，其七言绝句非高适、王之涣所能比拟。其诗微婉多风，而又句奇格俊，雄浑自然。明人杨升庵说："龙标（王昌龄曾任龙标县尉）绝句，无一篇不佳。"王世贞在《艺苑卮言》中说："七言绝句，王江宁（王昌龄曾任江宁县丞）与太白争胜毫厘，俱是神品。"

三、李 白

李白生活在盛唐时期，是当时最伟大的浪漫主义诗人，被后人称为"诗仙"。他与杜甫合称为"李杜"。李白是中国诗词史上的一座丰碑，对后世的诗歌创作产生了深远的影响。

李白，字太白，祖籍陇西成纪（今甘肃天水），后迁居四川彰明县的青莲乡，因此自号"青莲居士"。他一生从未参加过科举考试，但是凭借自己的才学得到了唐玄宗的赏识，担任过翰林侍诏的官职。

李白一生致力于诗歌创作，存世诗文有九百余篇，都收录于《李太白全集》中。李白的诗歌风格既豪迈奔放，又清新飘逸。他肆意在诗歌中表达自己的情感，毫不掩饰自己的喜怒哀乐。

李白的诗中多用拟人和比喻，擅长将真实的事物加以大胆的想象，夸张地表达出来，以此起到突出形象，强化感情的作用，极具浪漫主义的艺术特色。李白诗歌的题材涉猎广泛，主要有怀古咏史诗、边塞诗、惜别诗、写景抒情诗等。

　　李白一生中大部分时间都在游历中度过，因此作了许多怀古咏史诗和写景抒情诗。《登金陵凤凰台》便是李白在登金陵凤凰台时所作。他将登凤凰台时的所见所感同历史变迁相结合，借六朝古都金陵来回看唐朝都城长安，暗示此时的朝廷奸臣当道，表达自己报国无门的悲痛心情。

　　写景抒情诗也多是李白在游历中所作。当李白来到庐山时，观瀑布"飞流直下三千尺，疑是银河落九天"，于是写下了广为流传的《望庐山瀑布》；当他来到敬亭山时，又将自己"相看两不厌，只有敬亭山"的孤独感融于敬亭山的景色中，写下情景交融的《独坐敬亭山》。

　　李白同样是一个有边塞经历的诗人，他也写过许多边塞诗，主要描写边塞风光和戍边将士的军旅生活。《关山月》是他边塞诗中的代表作。此诗通过描写广阔苍茫的边塞景色，来表达成边将士对家乡和亲人的思念之情，也表达了李白对和平生活的向往。

李白很重视友情，也经常会为朋友写一些送别诗。比如大家很熟悉的《闻王昌龄左迁龙标遥有此寄》《送孟浩然之广陵》等，都是李白为送别友人所作。

李白的诗备受古往今来无数文学家和学者的认可。杜甫就曾评价他的诗"笔落惊风雨，诗成泣鬼神"，苏轼评价他"李白当年流夜郎，中原无复汉文章"。李白的诗毫无疑问是中国文学史上的一笔宝贵财富。

四、杜 甫

　　杜甫是我国古代最伟大的现实主义诗人，被后人誉为"诗圣"。杜甫生活在唐朝由盛转衰的时期，他所处的时代注定了他的诗歌风格不会同好友李白那般浪漫，但他在文学史上的影响力同样极为深远。

　　杜甫，字子美，出身于官宦世家，自小好学。杜甫曾在自传叙事诗《壮游》中写道："七龄思即壮，开口咏凤凰。"杜甫七岁时便能作《咏凤凰》诗，可见他在诗歌创作上天赋异禀。杜甫有一千五百余首诗歌流传后世，大多收录在了《杜工部集》一书中。杜甫的诗歌风格与其生平经历息息相关，他的一生可以被划分为四个时期，而每一时期的作品也各有特色。

　　三十四岁之前为杜甫的读书游历期。这一时期杜甫一直在外游历，期间参加过一次科举考试，但是未中。这丝

毫未影响杜甫的心情，考试结束后，他便又去游山玩水
了。杜甫在这一时期曾登过泰山，并写下了那篇脍炙人口
的名篇《望岳》。诗中大赞泰山高大巍峨的气势和神奇秀
丽的景色，表达了他对祖国大好山河的热爱之情。本诗最
后一句"会当凌绝顶，一览众山小"更是成为千古传诵的
名句。

　　746 年至 755 年，杜甫为了
取得功名，一直困守于长安。这
一时期的诗歌大都是在长安所
作。这期间杜甫又参加了一次科
举考试，却因为宰相李林甫从中
作梗，致使这次参加科举的考生
统统落榜，这其中自然也包括杜
甫。他见考试不能取得功名，于
是便开始向一些权贵和有名气的
文人投稿，想要通过举荐的方式
进入仕途，但是始终没有回音。

　　杜甫在长安漂泊了十年，这十年间他看尽了人生百
态，尝遍了人情冷暖，因此这一时期杜甫的作品开始趋于
现实。在这十年中，他写过抨击朝廷连年征战，给人民造
成巨大灾难的《兵车行》。诗中写道："君不见，青海头，

古来白骨无人收。新鬼烦冤旧鬼哭，天阴雨湿声啾啾。"这首诗将当时普通百姓的不幸生活形象地展现了出来。他还写过《自京赴奉先县咏怀五百字》，其中"朱门酒肉臭，路有冻死骨"更是贫苦大众真实生活的写照。

756 年至 759 年，因安史之乱，杜甫体会到了国破家亡的痛苦。此时的他时刻关注着时局的发展，并写下了多首忧国忧民的诗。《春望》一诗就是在这一时期所作，这首诗表达了诗人对国已不国的深切感伤之情。著名的"三吏"（《石壕吏》《新安吏》《潼关吏》）、"三别"（《新婚别》《垂老别》《无家别》）也是在这一时期创作的，表达了诗人对于备受战争摧残的百姓的同情。"三吏""三别"可以视作杜甫现实主义诗歌的巅峰之作。

760 年至 770 年间，杜甫辞去官职，来到了蜀地，后又辗转多地。这一时期杜甫的作品多以抒情诗为主，《蜀相》《春夜喜雨》《茅屋为秋风所破歌》《登高》等广为流传的名作都是在这一时期创作的。

杜甫的诗多涉及社会动荡、政治黑暗、民生艰难，反映当时社会矛盾和人民疾苦。他的诗记录了唐代由盛转衰的历史巨变，表达了强烈的忧患意识。韩愈评价杜甫："李杜文章在，光焰万丈长。"陆游评价杜甫："文章垂世自一事，忠义凛凛令人思。"

五、韩 愈

　　韩愈是唐朝中期的政治家、思想家、文学家，被后人尊为"唐宋八大家"之首。他和柳宗元共同倡导了唐代的古文运动，二人并称为"韩柳"。苏轼在《潮州韩文公庙碑》中称韩愈"文起八代之衰"，赞扬他发起古文运动，重振文风的历史功绩。

　　韩愈，字退之，河南河阳（今河南孟州）人。他曾四次参加科举考试，二十五岁时考中进士，步入仕途，曾任节度推官、行军司马、吏部侍郎等官职。其文学成就主要在散文，代表作品有《师说》《马说》《祭十二郎文》等。此外，韩愈在诗歌上也卓有成就，《早春呈水部张十八员外二首》《春雪》《晚春》等诗作流传于后世。

　　韩愈的散文内容丰富，形式多样，主要有论说、杂文、传记、抒情等。根据文章内容来看，韩愈的论说文可以分为两类。一类是以宣扬儒家思想为主要内容，例如《原道》《原性》《原人》等文章。另一类则是以批判现实，反对传统为主要内容，《师说》是这类论说文中的代表作。《师说》传达的主要思想是"无贵无贱，无长无少，道之所存，师之所存也"，大概意思是求学这件事无论高低贵贱，无论年龄大小，道理存在的地方，就是老师存在的地方。这篇文章反映了当时一些贵族子弟以及士大夫"位卑则足羞，官盛则近谀"的心态，批判了当时耻于向老师学习的社会现状，开"不耻下问"的学习风气。除此之外，《争臣论》《原毁》《讳辩》也是韩愈论说文中的代表作。

　　韩愈的杂文与论说文相比，要更加随意自由一些，笔锋犀利，形式活泼，文中多采用长短不一的句子。《马说》《进学解》《送穷文》《杂说》《获麟解》《伯夷颂》等均是韩愈杂文的代表作，其中最为人称道的便是《马说》。《马说》借伯乐相马的故事，批判了封建统治者不知人善用、埋没人才的现象，抒发了作者怀才不遇的愤懑之情。

　　韩愈也极为擅长写传记文。

他曾为笔墨纸砚作过一篇传记，名为《毛颖传》。这篇文章将笔墨纸砚拟人化，表达了他对文房四宝的喜爱之情。他所写的《张中丞传后叙》也属于传记类散文，旨在表彰平叛安史之乱有功的张巡、许远，是韩愈在阅读了李翰的《张巡传》后创作的，因此名为《张中丞传后叙》。

韩愈抒情文的代表作为《祭十二郎文》，这是他为侄子韩老成所写的一篇祭文。文章将叙事和抒情结合在一起，通过描写家庭、生活、身世的琐事，表达了对亡侄的深切悼念之情。此外，韩愈也擅写碑志，代表作主要有《试大理评事王君墓志铭》《柳子厚墓志铭》等。

韩愈对文学的贡献还在于他与柳宗元共同发起了"反对骈文，提倡古文"的"古文运动"，这对后世的文学发展产生了深远的影响。

六、刘禹锡

刘禹锡是中唐时期的文学家，擅长写诗歌、辞赋、散文等，在诗歌方面的成就最高，有"诗豪"之称。刘禹锡的很多诗歌作品都流传甚广，诸如《秋词》《乌衣巷》《竹枝词》《望洞庭》等都是传世名篇。

刘禹锡，字梦得，河南洛阳人。贞元九年（793年），进士及第，曾在唐顺宗在位时参与"永贞革新"，后来革新失败，屡次遭贬，晚年任太子宾客，卒于洛阳。刘禹锡是一个心态很好的人，他乐观豁达，所以即使面对屡遭贬谪的现状，也并没有因此而失意，始终对生活充满希望。

常言道，人品见诗品，所以他的诗歌风格也大都豁达豪迈、沉着痛快。《秋词》一诗便是刘禹锡被贬为朗州司马时所作，诗中言："自古逢秋悲寂寥，我言秋日胜春朝。

晴空一鹤排云上，便引诗情到碧霄。"古代文人往往以秋为悲，但刘禹锡反其道而行，认为秋天比欣欣向荣的春天更加美好。诗的末尾两句，刘禹锡以鹤自喻，表明自己心中没有悲伤，只有高昂的斗志和奋发进取的豪情。短短四句诗将刘禹锡的乐观豁达表现得淋漓尽致，尽显豪迈之气，可见其"诗豪"之名果然名不虚传。

刘禹锡的诗歌选材广泛，山水诗、寓言诗、咏史怀古诗等均有涉猎。刘禹锡的山水诗以《望洞庭》著称。他在被贬期间，还创作了许多的寓言诗，诸如《百舌吟》《飞鸢操》《白鹭儿》等都属于这类诗作。

刘禹锡的咏史怀古诗也很有研究价值，如《西塞山怀古》。诗中写道："王濬楼船下益州，金陵王气黯然收。千寻铁锁沉江底，一片降幡出石头。人世几回伤往事，山形依旧枕寒流。今逢四海为家日，故垒萧萧芦荻秋。"本诗是刘禹锡前往和州（今安徽和县）赴任的途中，途经西塞山时所作，前四句写了西晋灭吴的历史故事，后四句则借写西塞山来抒发自己的感慨。此

刘禹锡

外，他的《台城》《乌衣巷》也是著名的咏史怀古诗。

刘禹锡在被贬后，并没有选择伤春悲秋，而是深入民间，学习当地的民歌创作。在此基础上，他创作了大量的民歌体乐府诗，诸如《竹枝词》《浪淘沙》等诗作便是脱胎于蜀地民歌的创作。

这类诗歌多为当时民间生活的写实之作，其中既有写人民群众的劳动生活，也有写男女之间的爱情。例如，《浪淘沙》中的"日照澄洲江雾开，淘金女伴满江隈。美人首饰侯王印，尽是沙中浪底来"描绘了淘金女工制作首饰、侯王印的劳动情景。

《竹枝词二首·其一》写的是男女之间的爱情。诗言："杨柳青青江水平，闻郎江上唱歌声。东边日出西边雨，道是无晴却有晴。"将一个妙龄女子在听到情郎歌声时的内心活动形象地展现在了读者眼前。本诗结尾以天晴喻爱情，一语双关，将初恋少女的那种羞涩感刻画得入木三分。

七、白居易

白居易是唐代著名的现实主义诗人，有"诗魔"和"诗王"之称，与李白、杜甫并称为"唐代三大诗人"。他与元稹共同倡导了革新诗歌体制的新乐府运动，通过创作反映现实的诗歌，讽喻朝政和社会乱象，以达到补察时政的目的。

白居易，字乐天，号香山居士。二十九岁进士及第，步入仕途，曾经担任过翰林学士、杭州刺史等官职，一生官海浮沉，多次遭贬谪。白居易是唐代极为高产的诗人，一生作品高达三千八百多首，大多通俗易懂。据宋朝诗僧惠洪的《冷斋夜话》记载："白乐天每作诗，令一老妪解之，问曰：'解否？'妪曰：'解。'则录之；不解，则易之。"意思是白居易每作一首诗，就要拿去给老妇人读一读，如果老妇人能听懂，他才会将这首诗最终定稿。

　　白居易的一生以被贬江州为分界点，可以分为两个时期。前期的白居易心怀兼济天下的理想，希望可以为国家、为人民作一些贡献。他经常写一些针砭时弊、披露社会现实的作品，作了大量反映民生疾苦的讽喻诗。例如他在《观刈麦》一诗中通过写农民"足蒸暑土气，背灼炎天光"的劳动场景，反映劳动人民的生活不易;《卖炭翁》通过写卖炭老翁在寒冷的冬天外出卖炭，为生计奔波，但是最后一千多斤的炭却被两个宦官仅用"半匹红纱一丈绫"就买走了，深刻地揭示了百姓被官僚阶级压迫的现实，表达了对他们由衷的同情。

　　唐宪宗元和十年（815年），白居易因越职言事的罪名被贬为江州司马。此后白居易逐渐沉寂，他的心境也发生了转变，"兼济天下"之志已然被现实所泯灭，行事渐渐转向"独善其身"。著名的长篇叙事诗《琵琶行》就是白居易这一时期的作品。这首诗是白居易由长安贬到江州期间，在船上听一位长安乐伎弹奏琵琶、诉说身世时有感而作。乐伎的经历激起了他

白居易

情感的共鸣："同是天涯沦落人，相逢何必曾相识。"

白居易的另一首长篇叙事诗便是《长恨歌》。这也是一篇广为流传的经典之作。诗中先写了唐玄宗与杨贵妃之间的唯美爱情，因皇帝沉迷美色，安史之乱爆发；后又写马嵬驿兵变中杨贵妃被杀，唐玄宗对爱妃日思夜想，深情不移；最后则写了唐玄宗派人四处寻找杨贵妃，最终使者在蓬莱宫见到了杨贵妃。

《长恨歌》所传达的中心思想是批判唐玄宗因为美色致使国家陷入危机，但另一方面，白居易又歌颂了二人之间的爱情，对他们的爱情悲剧表示同情。《长恨歌》的文学影响极为深远，后世白朴的杂剧《唐明皇秋夜梧桐雨》以及洪昇的《长生殿》都受到了这首诗的启发。"回眸一笑百媚生，六宫粉黛无颜色""后宫佳丽三千人，三千宠爱在一身""天长地久有时尽，此恨绵绵无绝期"等千古名句至今依旧广为传唱。

第五章

宋元文学家

一、柳 永

柳永是北宋时期著名的婉约派词人，他出生于官宦世家，从小饱读诗书，心怀入仕报国的理想。柳永多次参加科举，都没有考中，于是醉心填词。

柳永，原名三变，字耆卿，福建崇安（今福建武夷山）人，工部侍郎柳宜之子，曾任余杭县令、晓峰盐场监等官职。

柳永的仕途并不太顺利。他曾在科举失利后，写下了一首《鹤冲天·黄金榜上》，词中言"忍把浮名，换了浅斟低唱"。这首词也间接导致了他下次科举考试的失利。宋仁宗见柳永写了《鹤冲天·黄金榜上》后还继续参加科举，便以这首词嘲讽他："此人风前月下，好去'浅斟低唱'，何要'浮名'？且填词去。"柳永因此告别了仕途。他戏称自己为"奉旨填词柳三变"，自此流连于市井、烟花柳巷中，创作出了无数脍炙人口的词作。直到晚年，柳永才得中进士。

柳永是北宋时期第一个致力于写词的作家，《乐章集》中传词近两百首，代表作品有《雨霖铃·寒蝉凄切》《蝶恋花·伫倚危楼风细细》《少年游·长安古道马迟迟》《望海潮·东南形胜》等。柳永的词作按照题材大致可以分为三类。

一是写市民阶层男女之间的感情的词作。这类词中的女主人公通常是歌妓，代表作有《锦堂春·坠髻慵梳》《定风波·自春来》。柳永之所以会为歌妓作大量的词，是因为他与这些具有才情却又有着不幸命运的女性遭遇相似，他们都受到种种歧视和排挤，可以说"同是天涯沦落人"。

二是表现羁旅之苦的词作。这类词以《八声甘州·对潇潇暮雨洒江天》为代表作，词中表达了作者漂泊江湖和仕途失意的愁思。词的上片"对潇潇暮雨洒江天""渐霜风凄紧"描写了清秋傍晚的景色，此等凄凉之景正好映照了词人的羁旅之苦，因此下片以"不忍登高临远，望故乡渺邈，归思难收"来表达作者的思乡之情。

　　三是表现都市风光的词作。其中以《望海潮·东南形胜》最为著名。此词是柳永早年游历杭州时所作，他在词中将杭州描绘得富丽非凡，杭州富庶如"市列珠玑，户盈罗绮"，那里既有"云树绕堤沙，怒涛卷霜雪"的钱塘江，又有"三秋桂子，十里荷花"的西湖美景。生活在杭州的人们既可以"羌管弄晴，菱歌泛夜"，又可以"乘醉听箫鼓，吟赏烟霞"。短短几句便将杭州的繁华与美丽书写得淋漓尽致，使人在读词之时，仿佛置身于繁华的杭州都市中。

　　柳永对宋词发展贡献极大，他凭借自己出色的文学功底，对词的形式进行了改革和创新，独创慢词长调。宋词的地位得以奠定，柳永功不可没。

　　柳永的词大多通俗易懂，雅俗并存，因此他的词在北宋时期受到人们的大力推崇。上至皇亲贵胄，下至市井百姓，街头巷陌，烟花柳巷，只要是有人在的地方，就有柳词传唱。南宋叶梦得《避暑录话》中曾评价柳词："凡有井水处，皆能歌柳词。"这里的"井水处"指有人烟的地方，这也说明了柳永的词在当时极为风靡。

范仲淹，北宋时期著名的政治家和文学家。他在词和散文上都卓有成就，散文以《岳阳楼记》为代表作，词以《渔家傲·秋思》《苏幕遮·怀旧》等为代表作。

范仲淹，字希文，苏州吴县（今属江苏苏州）人。大中祥符八年（1015年）进士及第，曾担任陈州通判、苏州知州、权知开封府等职，在官场中因直言不讳多次遭贬。《岳阳楼记》就是他被贬谪邓州时，受好友滕子京所托，为重修的岳阳楼所作的一篇散文。

《岳阳楼记》首段先交代了文章的写作背景和原因，紧接着在第二段以"浩浩汤汤，横无际涯，朝晖夕阴，气象万千"来写洞庭湖的雄伟景象，三、四段写了雨天和晴天两种不同状态下岳阳楼的美景，最后一段再由前几段的叙景自然而然地过渡到抒情，表达范仲淹"居庙堂之高则忧其民，处江湖之远则忧其君"以及"先天下之忧而忧，后天下之乐而乐"的政治思想，体现了他忧国忧民的政治情怀。

范仲淹是一个文武全才，文能写诗赋词，武能上阵杀敌。《渔家傲·秋思》便是他镇守西北边疆期间所作。全词采用白描的手法写作，上片以"塞下秋来风景异"开篇描写边塞萧瑟的秋景，下片则以"浊酒一杯家万里，燕然未勒归无计"抒发边关将士的思乡之情，词风苍凉而悲壮。

《苏幕遮·怀旧》同样是写于范仲淹戍边期间，当时他任陕西四路宣抚使，主持防御西夏的军事。这是一首写羁旅乡愁的词，也是一篇借景抒情的作品。词的上片以碧云、黄叶、寒烟、芳草、斜阳等意象书写了一幅悲凉壮阔的秋景图；下片则以"黯乡魂，追旅思，夜夜除非，好梦留人睡。明月楼高休独倚，酒入愁肠，化作相思泪"，抒发作者夜不能寐、羁旅他乡的惆怅。

范仲淹的文学作品数量虽不算多，但风格却自成一派。他的作品大多直抒胸臆，情真意切，给人以真情实感。这种词作风格，极大地改变了北宋时期文人的创作观念，对后世的词作风格产生了极大的影响。

三、欧阳修

欧阳修，北宋时期的政治家、文学家、史学家，"唐宋八大家"之一，在散文方面卓有成就，与韩愈、柳宗元、苏轼并称为"千古文章四大家"。他曾领导了北宋时期的诗文革新运动，继承并发展了韩愈的古文理论，代表作品有《醉翁亭记》《朋党论》等。

欧阳修，字永叔，号醉翁，晚号六一居士。欧阳修出生于绵州（四川绵阳）的一个普通家庭，父亲欧阳观是绵州的军事推官，在他四岁那年，因病去世。于是欧阳修母子二人便投奔了叔叔欧阳晔。欧阳晔为人正直，廉洁奉公。欧阳修长大后能够有所成就，很大程度是受他叔叔的影响。

欧阳修十岁时偶然得到了一本韩愈的文集，他拿到书后，爱不释手，读了很多遍。这为他后来从事诗文革新运动埋下了一颗种子。

欧阳修于天圣八年（1030年）进士及第，担任过翰林学士、参知政事等官职，在散文、词、赋方面卓有成就。

欧阳修最为著名的一篇散文便是《醉翁亭记》。这篇文章是欧阳修因支持范仲淹等改革派，被贬为滁州知州时所作。到任之后，他虽因遭贬内心苦闷，但依旧在当地做出了一些政绩。《醉翁亭记》以一个"乐"字贯穿全文，通过描写滁州当地四季的秀美景色，以及滁州百姓安居乐业的生活，表达了欧阳修寄情山水、与民同乐的思想情感。

欧阳修在开篇坦言"醉翁之意不在酒，在乎山水之间也"。这表明他将仕途失意的内心愁苦寄情于山水之间和与民同乐之中，体现了他随遇而安的旷达情怀。

欧阳修还写过一些政论类的散文。例如，他曾写过一篇《朋党论》，反击保守派对革新派范仲淹等人的污蔑，为革新派人物正名，并劝说宋仁宗应信任贤臣，远离小人。他还曾写过一篇《与高司谏书》，斥责谏官高若讷曲意逢迎，罔顾谏官职责，不敢主持正义，有失公允。欧阳修的这类散文多表达了他的政治立场和见解，体现了他不计利害、敢于直言的可贵精神。

欧阳修一生写了不少词，大概有两百多首收录在《六一词》和《醉翁琴趣外篇》中，内容以离别、爱情和个人抱负为主。欧阳修的离别、爱情词主要有《踏莎行·候馆梅残》《蝶恋花·庭院深深深几许》等。

欧阳修在后期还写过许多表现个人抱负的作品。例如《朝中措·平山堂》："平山栏槛倚晴空，山色有无中。手种堂前垂柳，别来几度春风。文章太守，挥毫万字，一饮千钟。行乐直须年少，尊前看取衰翁。"平山堂是欧阳修之前在扬州做官时所建，他在送别要到扬州做太守的友人时想起它，一时感慨万千，便挥笔写下了这首词作。词中塑造了一个风流儒雅、豪放达观的"文章太守"形象，表达了作者意在山水之间的情感。

四、苏　轼

苏轼，北宋文学家、书法家。他在诗、词、文、书、画等方面均有很高成就。他的作品在后世流传甚广，例如《江城子·密州出猎》《饮湖上初晴后雨二首》《水调歌头·明月几时有》《赤壁赋》等，皆为传世名篇。

苏轼，字子瞻，号东坡居士，后人亦称其为"东坡先生"，四川眉山人。苏轼是一个全才，诗、词、文、书、画样样精通，名列"唐宋八大家"之一，在中国文学史上举足轻重。

苏轼的诗歌类型主要有写景诗和哲理诗。《游金山寺》《望海楼晚景五绝》《六月二十七日望湖楼醉书五首》《饮湖上初晴后雨二首》都是苏轼写景诗中的名篇。他在这些诗篇中大都借咏叹美景来抒发自己的感情。例如，《游金山寺》一诗借描写金山寺的美景来抒发诗人的思乡之情，

《饮湖上初晴后雨二首》则是苏轼在任杭州通判时所作的赞美西湖美景的诗。

《题西林壁》《琴诗》《泗州僧伽塔》等皆是借物寓理的哲理诗，诗中常常传达给读者一些哲学道理。《题西林壁》一诗中以"不识庐山真面目，只缘身在此山中"来告知我们应全面地看问题，不应被局部现象所迷惑。《琴诗》中的"若言琴上有琴声，放在匣中何不鸣？若言声在指头上，何不于君指上听"，是说琴声不是单靠琴或指头而产生的，还需要二者相互接触摩擦。这告诉我们世界上的一切事物都是相互依存、相互联系的。

苏轼的词作也有许多，如《江城子·密州出猎》《江城子·乙卯正月二十日夜记梦》《水调歌头·明月几时有》等都是他的传世佳作。《江城子·密州出猎》是苏轼任密州知州时所作，通过写出猎之行，表达了他想要杀敌报国的豪情壮志，字里行间尽显他的豪迈气概。而《江城子·乙卯正月二十日夜记梦》是苏轼写给妻子王弗的一首悼亡词，以"十年生死两茫

苏轼

茫，不思量，自难忘"开篇，诉说即使妻子已经去世十年了，但他依旧久久不能忘怀的情感，抒写了他对亡妻深切的思念之情。

　　苏轼是继欧阳修之后北宋文坛的杰出领导者，他的作品对此后历朝历代的文人创作都产生了很大的影响。南宋王灼在《碧鸡漫志》曾评价苏轼说："东坡先生非心醉于音律者，偶尔作歌，指出向上一路，新天下耳目，弄笔者始知自振。"足见苏轼当时在词坛的影响之大。

五、李清照

李清照是为数不多的在词方面有所成就的女词人。同柳永一样，李清照也是婉约派词人的代表，素有"千古第一才女"之称。李清照出身于书香世家，从小遍览群书。她能打下如此良好的文学基础，同她成长的环境是分不开的。

李清照，号易安居士，山东济南人，在诗、词、散文方面均有建树，但在写词方面尤为擅长。李清照流传于后世的主要作品有《声声慢·寻寻觅觅》《一剪梅·红藕香残玉簟秋》《如梦令·常记溪亭日暮》等，至今依旧传唱甚广。明代文学家杨慎在《词品》中曾评价李清照："宋人中填词，李易安亦称冠绝。"

李清照历经北宋和南宋两朝，她的词风也以宋室南迁为分界点，分为两个阶段。前期她的词多以写爱情生活和自然景物为主，例如《如梦令·昨夜雨疏风骤》《一剪梅·红藕香残玉簟秋》《醉花阴·薄雾浓云愁永昼》等都是这一时期的名作。

李清照在《如梦令·昨夜雨疏风骤》中写道："昨夜雨疏风骤，浓睡不消残酒。试问卷帘人，却道海棠依旧。知否，知否？应是绿肥红瘦。"这首词表达了她爱花惜花的心情，以及对于春天和自然的喜爱，也流露出了她惜花伤春的苦闷之情。

《如梦令·常记溪亭日暮》的风格相较上一首就比较欢快一些，词中写道："常记溪亭日暮，沉醉不知归路。兴尽晚回舟，误入藕花深处。争渡，争渡，惊起一滩鸥鹭。"这首词算是李清照的词中清新愉快的作品了，描写了她外出游玩，尽兴而归，却意外开辟了一处新的地图，即"误入藕花深处"，因此意外观赏到了鸥鹭惊飞的情景，表达了她当时开朗愉快的心情。

李清照

《一剪梅·红藕香残玉簟秋》可以说是一首美到极致的词，词中的一字一句读起来都充满凄美之感。词中写道："红藕香残玉簟秋。轻解罗裳，独上兰舟。云中谁寄锦书来？雁字回时，月满西楼。　　花自飘零水自流。一种相思，两处闲愁。此情无计可消除，才下眉头，却上心头。"这首词作于李清照同丈夫赵明诚婚后不久，迫于当时的政治形势，二人暂时别离，李清照不舍与丈夫分开，便写下了这篇词作相送，以聊表自己的相思之情。

后来随着北宋灭亡，宋室南迁，李清照饱受国破家亡之苦，她的词风也发生了变化。这一阶段，她的词主要写自己悲惨的遭遇，词风渐趋沉郁凄婉。《声声慢·寻寻觅觅》就通过写残秋之景来抒发词人国破家亡、颠沛流离的孤寂落寞之感，《菩萨蛮·风柔日薄春犹早》则是抒发了词人南渡之后的思乡之情。

在数千年的诗词史中，卓有成就的女词人屈指可数，李清照正是其中之一。她的词，既可柔美之至，又可刚毅至极。李清照的作品，与辛弃疾、苏轼等男性词人相比毫不逊色，这也是在那个男子为尊的封建社会，李清照可以留名青史的原因。

六、陆 游

陆游是我国南宋时期伟大的爱国诗人，他以笔作为武器，书写了无数爱国诗篇。他一生创作了九千多首诗歌，其中大多数都是写抗战杀敌的。陆游笔下的一字一句都饱含着他炙热的爱国热情。

陆游，字务观，号放翁，越州山阴（今浙江绍兴）人。他在诗、词、散文上成就都很高。陆游出生于北宋灭亡之际，从小受爱国主义思想的熏陶，一直心怀上战场抗战杀敌，维护国家统一的愿望。可是，在当时的历史环境下，一直坚定主战的陆游与主张议和的南宋朝廷格格不入。

陆游一生命途多舛，时运不济。病情日重，卧床不起时，陆游依旧记挂国家大事，对自己抗金事业未竟深感遗憾。他留下《示儿》这首千古名篇后，便与世长辞了。诗中写道："死去元知万事空，但悲不见九州同。王师北定中原日，家祭无忘告乃翁。"这是陆游留给自己儿子的一首绝笔诗。他嘱咐子孙们，如果有一天祖国统一了，在祭拜他之时一定要记得告知他。此诗体现了诗人未能亲眼看到祖国统一的遗憾感伤，以及渴望收复失地，平定中原的爱国情怀。

陆游笔下的爱国诗词很多，名篇《卜算子·咏梅》就被广为传唱。这首词是陆游的咏怀之作，他以梅花自喻，先写了梅花"驿外断桥边，寂寞开无主。已是黄昏独自愁，更着风和雨"的困难处境，来暗示自己的坎坷境遇，后又通过赞扬梅花"零落成泥碾作尘，只有香如故"的精神，再次表达自己矢志不渝的爱国热情。

《书愤》一诗也是由陆游书写的爱国篇章。这是他六十一岁蛰居家乡时所作，前四句写自己年轻时北伐中原的宏图大志，五、六句"塞上长城空自许，镜中衰鬓已先斑"写自己如今已经步入暮年，却依旧未能完成抗金事业，表达自己壮志难酬的愤懑之情；最后两句"出师一表

真名世，千载谁堪伯仲间"化用诸葛亮的典故，通过追忆先贤的历史功绩，希望自己也能像诸葛亮一样，无论年岁几何，都可以施展自己的抱负，表明自己的爱国热情并不会因为年龄的增长而消退。

陆游的诗歌在我国文学史上有着极高的地位。他的作品既包含浪漫主义色彩，又影射当时的社会现实。他笔下的爱国诗篇，无论对当时还是后世，都有着极为深远的影响。

梁启超曾评价陆游："诗界千年靡靡风，兵魂销尽国魂空。集中什九从军乐，亘古男儿一放翁。"足见陆游对后世文人影响之深刻。

七、辛弃疾

辛弃疾是南宋时期的爱国将领、文学家，著名豪放派词人，与苏轼并称"苏辛"。辛弃疾的代表作有《永遇乐·京口北固亭怀古》《破阵子·为陈同甫赋壮词以寄之》等。

辛弃疾，字幼安，号稼轩，山东济南府历城县（今山东省济南市历城区）人。他一生作了六百多首词，可以说是当之无愧的大文豪。其实，辛弃疾的本心并不是成为一个只能用"笔杆子"创作的词人，而是想要做一个收复国土、统一中原的将军。可是他所处的那个时代，却逼得他只能将自己的抱负寄寓词作之中。

靖康二年（1127年），金军兵临城下，攻破了北宋都城开封，宋徽宗、宋钦宗以及大量王公贵族、妃嫔宫女被俘虏，这就是历史上著名的"靖康之变"。在这之后，金国占领了中原部分国土，这其中就包括辛弃疾的家乡济南。

　　辛弃疾出生时，北方就已经被金人占领。辛弃疾的祖父辛赞由于家眷过多、儿子身体孱弱等原因，没有追随南宋朝廷南下，而是选择暂降金国，并暗暗寻找机会揭竿反金。辛弃疾很小时，辛赞就时常告诫孙儿即使身在金国，也不要忘记自己是大宋的子民，长大后一定要抗击金朝，收复国土。在这样的家庭教育中，辛弃疾自小便树立起收复失地、统一中原的理想。

　　绍兴三十一年（1161 年），金人再次南侵。辛弃疾参加起义，奋起抗金。后来辛弃疾一战成名，被宋高宗接见，开始了他在南宋的为官生涯。

　　但是回归南宋后的辛弃疾却并不受朝廷的待见。当时像辛弃疾这种从金国统治的北方回归南宋朝廷的人被称为"归正人"。南宋君臣对于"归正人"大多不会给予信任，加之宋朝重文轻武的国策，统治者对于武将多有芥蒂，所以辛弃疾即使回到了南宋，也很难受到重用，更无法实现自己的报国理想。

　　步入仕途的辛弃疾处处遭人排挤，他曾被弹劾四十三次，被调任十五次。报国无门的辛弃疾只能将自己的雄心壮志变成一篇篇佳作，传于后世。

辛弃疾曾作《青玉案·元夕》来抒发自己在朝廷中不得志的苦闷。这首词通过写元宵节的热闹欢愉场面，来反衬一位孤高淡泊、与这热闹场景格格不入的女子形象。词中写"众里寻他千百度。蓦然回首，那人却在，灯火阑珊处"，作者在这热闹的元宵灯会中苦苦寻觅这位女子，猛然回头，却发现她就站在灯火稀疏的地方。辛弃疾这首词乍一看是在寻找爱人，但其实寻找的正是自己，词中寄托了他在政治失意之后，不愿与世俗同流合污的高尚品性。

一生不得志的辛弃疾在自己六十四岁这一年看到了希望。主战派韩侂（tuō）胄（zhòu）上台执政，再次启用辛弃疾。辛弃疾收到这个消息后，热血沸腾，开始着手筹备，可谁知朝廷只是想借辛弃疾的威名，并非真正想让他上战场杀敌。

辛弃疾对南宋朝廷大失所望。在政治上备受打击后，他写下了《永遇乐·京口北固亭怀古》。在词中他追忆了孙权和刘裕这类通过金戈铁马建功立业的历史人物，词末又以廉颇自比，表明自己虽然年事已高，但依然可以像廉颇那样为国建功立业。

辛弃疾同陆游一样，是南宋时期伟大的爱国主义诗人、词人，他们二人的出现标志着南宋文学以爱国主义为主要内容的诗词达到了一个新的高度。

八、文天祥

文天祥是南宋末年的政治家和文学家，同陆游一样，也是一位爱国诗人。他与陆秀夫、张世杰并称为"宋末三杰"。《过零丁洋》中"人生自古谁无死，留取丹心照汗青"所传达出的爱国精神，至今依旧影响着许多人。

文天祥，字履善，又字宋瑞，自号文山。宋理宗宝祐四年（1256 年），文天祥以第一名进士及第，高中状元。文天祥一生写下了许多脍炙人口的诗作，他的诗以德祐元年（1275 年）奉诏起兵为分界线，可以分为前期和后期。

文天祥前期的诗歌主要以酬唱赠答以及抒怀言志为主，这一时期的诗作大多豪迈奔放、蓬勃向上。例如《生日和谢爱山长句》中的"夜阑拂剑碧光寒，握手相期出云表"，书写了他的雄心壮志。

　　而在德祐元年，文天祥奔赴战场后，他的诗歌就以爱国诗和纪行诗为主了。当年，南宋长江上游地区战事告急，文天祥临危受命，以江南西路提刑安抚使的身份领兵出征，抗击元兵。景炎三年（1278年），文天祥在广东五坡岭被元军俘虏。元将张弘范向他承诺，只要他写信招降南宋将领张世杰，元军不仅不会杀他，还会放了他。但文天祥誓死不从，表示绝对不会出卖自己的国家，还写下了《过零丁洋》一诗，来表达自己誓不降元的决心。

　　《过零丁洋》一诗中先以"辛苦遭逢起一经，干戈寥落四周星"回顾了自己的生平，中间又以"山河破碎风飘絮，身世浮沉雨打萍"表明当前国家的形势已经不容乐观，最后再以"人生自古谁无死？留取丹心照汗青"表达了文天祥视死如归，愿以死明志的爱国热忱。

　　张弘范在看了文天祥的《过零丁洋》一诗后，敬佩他的民族气节，于是便派人将他送到了京师，囚禁于元大都的监狱之中。文天祥在被押往元大都的途中，经过南宋陪都金陵时，触景生情，写下了寄

托亡国哀思的《金陵驿二首》，以此来表达他的亡国之痛。《金陵驿二首·其一》最后一句"从今别却江南路，化作啼鹃带血归"所表达的感情，与"人生自古谁无死？留取丹心照汗青"有异曲同工之处。

元世祖忽必烈爱惜人才，想要招降文天祥。文天祥被囚禁期间，有很多人都来劝说他归降元朝，但是都被他一一拒绝。在被囚期间他还写下了一首《正气歌》，来表达自己以身报国的决心。《正气歌》是一首五言古诗，表现了文天祥崇高的民族气节和强烈的爱国主义精神。文天祥在《正气歌》中连用了嵇绍、诸葛亮、苏武等十二位英雄人物的典故，来论证"天地有正气"。他在诗的最后又联系自己的命运，表达了他愿意慷慨赴死、为国捐躯的豪情壮志。

文天祥在元大都被囚禁了三年，经受各种威逼利诱，誓死不降，最终于1283年在狱中从容就义，终年四十七岁。

九、关汉卿

元代，杂剧和散曲占据了文学中的主流地位，关汉卿就是当时的元曲名家。他的《感天动地窦娥冤》是元曲中的代表性作品，极具文学价值。

关汉卿，号已斋，解州（今山西运城）人。关汉卿是元杂剧的奠基人，一生写了六十多种杂剧。关汉卿的杂剧选用题材极为广泛，其中既有悲剧，也有喜剧，《感天动地窦娥冤》就是悲剧中的经典作品。

《感天动地窦娥冤》通过写窦娥的遭遇，歌颂了普通百姓的反抗斗争，揭露了社会黑暗和统治者的残暴，反映了当时尖锐的阶级矛盾，实乃元杂剧悲剧中的精品之作。关汉卿巧妙地借"天人感应"，批判了古代官场的黑暗，坏人常常与当地官员狼狈为奸，颠倒是非黑白。他借用人物口中的歌谣，深刻地揭露了封建社会中"衙门从古向南开，就中无个不冤哉"的现象。

　　关汉卿的杂剧题材几乎涉及封建社会的各个领域。如果按照杂剧内容进行分类的话，可以分为三类。其一为公案类。上文中提到的《感天动地窦娥冤》就是典型的公案类杂剧，通过写小人物的悲惨经历，来揭露统治者的残暴统治以及社会的黑暗。他的《包待制三堪蝴蝶梦》《包待制智斩鲁斋郎》也属于这类作品。其二为婚姻爱情类。这类杂剧主要写下层妇女的生活和斗争，表达对女性追求婚姻自由的认可，突出女性的勇敢与机智。《赵盼儿风月救风尘》《望江亭中秋切鲙》等是这类作品的代表作。其三为历史类。关汉卿在剧中通过塑造英雄人物，赋予这些英雄拯救苍生的使命。他在《关大王独赴单刀会》中描绘了三国时期的关羽单刀赴会的故事，塑造了一个大义凛然的英雄形象。

　　关汉卿的杂剧被视为中国古典戏曲艺术的高峰，究其原因就在于其在人物形象的塑造、戏剧冲突的处理以及戏曲语言的运用上极为娴熟。在人物形象的塑造上，赵盼儿、宋引章、杜蕊娘一个个惟妙惟肖的人物形象都在他的笔下诞生。在戏剧冲突的处理

关汉卿

方面，他特别擅于安排激动人心的情节，例如窦娥被斩天地变色，就是极富传奇色彩的故事情节。在戏曲语言的运用上，他所写通俗易懂但又不平实无文，人物的语言都符合人物性格和身份。

关汉卿名列"元曲四大家"之首，是我国文学史上最伟大的作家之一，被誉为中国戏剧的奠基人，对后世杂剧的影响非常大。元末明初的贾仲明曾评价关汉卿"驱梨园领袖，总编修帅首，捻杂剧班头"，可见其在戏曲史上的影响力。

第六章

明清文学家

一、施耐庵

施耐庵，元末明初文学家，"四大名著"之一《水浒传》的作者。《水浒传》是我国文学史上第一部章回体长篇白话小说，施耐庵因此被誉为"中国长篇小说之父"。

施耐庵，字肇瑞，原籍苏州（一说淮安），后迁居江苏兴化。他自小就才识过人，极为聪慧，十几岁就考中秀才，二十岁中了举人，三十多岁考中进士后，在浙江钱塘做了两年县官，后因不忍官场黑暗，选择辞官回乡。张士诚起兵抗元时，施耐庵曾投入他的麾下，成为谋士，为其策划军事活动，但后来又因为不满张士诚贪图享乐、不辨忠奸，拂袖而去，此后便隐居于兴化白驹场，开始创作《水浒传》。

在施耐庵写成《水浒传》之前，水浒故事民间就多有流传，《大宋宣和遗事》话本中就有一些如"杨志押送花石纲"的故事情节。施耐庵对民间流传的故事、人物进行加工整理，创作出了这部优秀作品。

《水浒传》是中国文学史上第一部描写农民起义的巨著。书中记述了北宋末年宋徽宗时期，以宋江为首的一百零八位好汉不忍北宋朝廷的黑暗统治，最终被逼上梁山聚众起义，但后来首领宋江却在形势一片大好时，选择接受朝廷的招安，最终致使梁山好汉多被高俅等奸臣迫害致死的故事。

施耐庵在《水浒传》中成功塑造了数百名正反面人物形象，涉及社会各个阶层。这些人物形象都不是单一的性格，他们处于复杂的社会环境中，具有其独特、多面、复杂的性格特点。他们"各有其胸襟，各有其心地，各有其形状，各有其装束"，个性鲜明，栩栩如生。

由于《水浒传》歌颂的是农民起义，因此在封建社会时期，这样的书籍都被统治者视为禁书。但是它仍在民间广为流传，深受人民群众的喜爱。

施耐庵是当之无愧的中国小说奠基人。他开创了用白话文撰写小说的先河，他的出现对我国文学史产生了极为深远的影响。直至今日，施耐庵与《水浒传》的影响也依旧不减当年。

二、罗贯中

　　罗贯中和施耐庵同属于一个时代，也是元末明初的小说家，是"四大名著"之一《三国演义》的作者。除了这一力作外，他还有《隋唐两朝志传》《残唐五代史演义》《三遂平妖传》等作品。

　　罗贯中，名本，字贯中，号湖海散人。他曾作为张士诚的幕僚，参与元朝末年的农民起义。罗贯中尤为偏爱政治历史题材的小说，他在文学上最大的成就莫过于完成了《三国演义》这部小说，被视为章回体历史演义小说的开篇之作。

　　《三国演义》依托东汉末年分三国的历史背景，记述了东汉末年到西晋初年这一历史时期的故事。全书以记述战争为主，可分为黄巾起义、董卓之乱、群雄逐鹿、三国鼎立、三国归晋五个部分。罗贯中并不是凭空创作的《三国演义》，他在创作期间，参阅了许多民间话本和戏曲，借鉴了其中的情节，还结合了陈寿的《三国志》和一些正史资料，才最终完成了《三国演义》这部长篇小说。

虽然《三国演义》大部分是依据史实所写，但是其中不免加入一些野史和作者的主观想法。罗贯中在写书时正是继承了《三国志平话》中"拥刘反曹"的传统，在书中着力刻画刘备、关羽、张飞、诸葛亮等人，将蜀汉尊为正统，并且将曹操刻画成奸臣形象。

关于作者"拥刘反曹"的倾向，在整书的章节分布上也有所体现。作者在书中用极多的笔墨来写蜀汉，《三国演义》全书共一百二十回，自桃园结义至诸葛亮病死于北伐途中共历经五十一年，这期间的故事就占了一百零四回，而此后一直到司马炎建立西晋，一统三国四十六年的故事却只用十六回就草草结束了，可见作者对刘备一派推崇备至。

《三国演义》中，罗贯中还将蜀汉军师诸葛亮塑造成了一个政治、军事、外交无所不能的人物，无论遇到什么困难，在诸葛亮这里皆能大事化小，小事化了。无论是赤壁之战中的草船借箭，还是司马懿兵临城下时的空城计，再大的困难都能被诸葛亮轻而易举地解决掉。

罗贯中将诸葛亮塑造得过于完美了，可真实历史中的诸葛亮真的是一个如此完美的人吗？答案自然是否定的。

诸葛亮足智多谋是没错，可是他并不擅长打仗，草船借箭和空城计这样的故事，都是罗贯中为了让诸葛亮更加完美所虚构的罢了。

罗贯中之所以如此抬高诸葛亮，是因为他与诸葛亮一样，是封建社会的下层知识分子，而且他也参与过元末明初的起义活动，与诸葛亮这一人物最能找到共鸣，于是便在书中将其塑造成了一个无所不能的完美形象。

罗贯中开创了中国"英雄传奇"和"神魔小说"类型的先河。他的出现对中国小说的发展具有重要的意义，有人甚至将罗贯中称为"中国小说之王"。

三、吴承恩

吴承恩是明代杰出的小说家，从小遍览群书，尤其钟爱神话传说，而这一喜好也是他创作《西游记》的一大优势。《西游记》为四大名著之一，极具文学艺术价值。

吴承恩，字汝忠，号射阳居士，祖籍安东（今江苏涟水），书法、绘画、填词、围棋无一不精。虽然文学素养颇高，但吴承恩的仕途走得却并不顺利。他自嘉靖十年（1531 年）开始参加科举考试，多次落榜，直到嘉靖三十年（1551 年），才得了一个知县的官职。隆庆四年（1570 年），吴承恩下定决心辞官归隐，开始专心整理、撰写《西游记》。

吴承恩能完成《西游记》这部长篇巨作，得益于他小时候爱好阅读神仙鬼怪、狐妖猴精之类的书籍。吴承恩早在嘉靖八年（1529 年）就有了撰写《西游记》的想法，虽然当时他还在读书，但是对各种志怪奇闻已经了然于胸。嘉靖二十一年（1542 年），吴承恩一边准备科举考试，一边完成了《西游记》初稿。

《西游记》取材于唐太宗贞观三年（629 年），大唐高僧玄奘不顾禁令，私自偷渡天竺取经的故事。他在创作时借鉴了《大唐西域记》《大唐三藏取经诗话》等著作，经过反复加工打磨，这部经典著作才最终问世。

就吴承恩的经历来看，他选择创作《西游记》的缘由显而易见。官场上的失意，生活上的困顿，让他对封建科举制度以及社会的黑暗现实有了更为深刻的认识，他自知无法改变，于是便将自己的不满以志怪小说的形式表达出来。书中的神佛妖魔，都有其所指代的对象，例如唐僧象征着封建社会中迂腐的儒士，如来

佛祖象征着不可被挑战的封建皇权，但其中最为典型的人物形象还是孙悟空。

孙悟空是《西游记》一书中最重要的人物形象，吴承恩将其所要表达的思想感情都注入了这个人物中。书中以

所谓的三界秩序来暗指当时黑暗的封建社会，而孙悟空则是敢于打破三界秩序，勇于追求自由的英雄人物。孙悟空以"大闹天宫"的方式，来挑战等级森严的神权统治，这种行为也寄托了吴承恩希望有如同孙悟空一样的英雄豪杰来挑战封建正统权威的思想。

吴承恩对于诗歌词曲也有研究。吴承恩的诗歌中也有鬼怪元素。例如他曾写过一首《二郎搜山图歌》，诗中借二郎神搜山捉妖的故事，揭露了当时黑暗的社会现实。吴承恩的诗文词赋富有艺术特色，他在这方面的成就并不亚于唐宋时期的诸位诗词大家。

四、袁宏道

袁宏道，明朝时期文人，与其兄袁宗道、弟袁中道并称为"公安三袁"。"三袁"是湖北省公安县人，因此以三人为代表的文学流派被称为"公安派"，而袁宏道是三人中文学成就最高的。

袁宏道，字中郎，号石公，又号六休，是明代著名文学家，在散文和诗词上卓有成就。《西湖游记二则》《虎丘记》等皆是袁宏道散文中的名篇。此外，袁宏道也有诗词流传后世，如《得李宏甫先生书》《紫骝马》《昌平道中》等。

袁宏道于万历十九年（1591年）考中进士，曾任吴县知县、礼部主事等官职。在高中进士前，他也经历过科考失意，二十一岁中举后，参加会试时，他榜上无名。自小从未经历过挫折的袁宏道深受打击，写下了《花朝即事》一诗来抒发心中的苦闷。后来在哥哥袁宗道的影响下，他开始研习禅道，以禅诠儒，这才从失败的阴影中慢慢走了出来。袁宏道还因此结识了李贽，二人谈禅说道，颇有相见恨晚之感。

也正是在李贽"离经叛道"思想的启迪下，袁宏道开始转变文风，反对"文必秦汉，诗必盛唐"的风气，提出了"独抒性灵，不拘格套"的"性灵说"。这一主张推动了明朝诗歌文风的转变，使这一时期的诗文创作重新焕发生机。

他所提倡的性灵学说在他的散文作品中多有所体现。袁宏道在卸任吴县知县时作了散文《虎丘记》。虎丘是苏州当地的一处风景名胜，在出任县令期间，袁宏道曾六次游览虎丘。万历二十四年（1596 年），袁宏道卸任离吴前，再次游览虎丘，将自己的览物之情都写在了这篇散文中。他还写了《灵岩》《西湖游记二则》等散文。在这些文章中，袁宏道直接状物抒情，不在词藻上过度雕饰，直白地表达了他的真情实感。

袁宏道不仅散文写得好，在诗词创作方面也是造诣极高。他曾以白描手法作《昌平道中》一诗，记述了他在昌平路边的所见所闻。诗中写道："庵前乞得老僧茶，一派垂杨十里沙。乌笼白篮凭拣取，麝香李子枕头瓜。"这种表述可以说是生活感十足，诗人由于口渴便在路边讨了一杯"老僧茶"喝，一边喝茶，一边观看周边的景色，市井气息扑面而来。此外，袁宏道还写过《逋赋谣》《竹枝词》等诗歌，都直抒胸臆，通俗清新。

以袁宏道为首的"公安派"对晚明文学产生了深刻的影响，他所提出的"独抒性灵，不拘格套"的学说对清代的诗风也产生了一定影响。

五、李 渔

李渔是明末清初的文学家、戏剧家，人称"李十郎"。李渔曾设家戏班，到全国各地演出，累积了大量的戏剧创作、演出经验，为创作《闲情偶寄》打下了基础。《闲情偶寄》这本书对中国古代戏曲理论的发展有着极大的贡献。

李渔，字笠鸿，号笠翁，浙江兰溪人。他晚年居于杭州西湖，因此自号"湖上笠翁"。李渔自幼聪颖，崇祯十二年（1639年）参加乡试，却名落孙山。经历了科考失利后，他写下了《凤凰台上忆吹箫》来慨叹功名难就。三年之后，李渔报名参加明末的最后一场乡试，最终却因时局动荡，未能如期应试。

此时，明朝的统治已经走向末路，清军入关，李自成兵败，明王朝的江山易主他人。清顺治二年（1645年），清兵攻入金华，李渔不得已，只能归隐故乡兰溪。

故国的灭亡，促使李渔不再追求仕途功名，一生都与文学和戏剧相伴。

李渔归隐之后，就开始潜心创作。他在故乡为自己修了一座草堂，由于地处伊山旁边，又有"伊园"之称。

后来李渔举家迁往杭州，他在杭州为自己建了一处住所，名为"武林小筑"。在杭州期间，是他创作的高峰期，他不仅完成了《无声戏》和《十二楼》两部白话短篇小说集，还创作了大量戏剧作品。

李渔的戏曲被收录在《笠翁十种曲》中，囊括了《怜香伴》《意中缘》《奈何天》《风筝误》《凰求凤》《玉搔头》等剧本。这些剧本大多以叙述才子佳人的爱情故事为主，并且都极具喜剧色彩。其中，《风筝误》奠定了李渔在戏剧界的地位，是《笠翁十种曲》中最为脍炙人口的作品。他本人曾在《答陈蕊仙》中，评价这部作品"此曲浪播人间，几二十载，其刻本无地无之"。

李渔在六十岁时，开始着手整理前人和自己的一些

戏曲理论，完成了理论著作《闲情偶寄》。这本书内容极
为丰富，涉及词曲、演习、声容、居室、器玩、饮馔、种
植、颐养八部。这是我国最早的系统论述戏曲理论的著
作，对于后世的戏曲创作有着极为深远的影响。

六、蒲松龄

　　蒲松龄是清代杰出的文学家。《聊斋志异》一书便是蒲松龄所著。《聊斋志异》是我国优秀的文言短篇小说集，这部作品的问世让志怪类小说再度繁荣，是我国宝贵的精神财富。

　　蒲松龄，字留仙，别号柳泉居士，山东济南淄川（今山东淄博）人，世称"聊斋先生"。

　　蒲松龄生于一个普通家庭。虽然蒲氏并非名门望族，却有着良好的家风，考取功名者也不在少数。蒲松龄在这样的家庭中长大，更是将"朝为田舍郎，暮登天子堂"奉为自己的人生理想。

　　蒲松龄十九岁时参加了州县的考试，在县试、府试、道试中均为第一名，取得了秀才的头衔。可见蒲松龄是有文采的，如果按照这样的趋势发展，他拿下进士应该很容易。可是天不遂人愿，蒲松龄终其一生都只是一个秀才。

自取得秀才功名后，蒲松龄接连参加了多次科举乡试，可最终都是名落孙山。七十二岁高龄时，蒲松龄还奔赴在科举考试的路上，可见这位大名鼎鼎的文学家对于科举功名的执念有多深。官府见蒲松龄考了这么多年，也未曾中举，便将他补为岁贡生，后来还给他安排了一个"儒学训导"的虚衔。蒲松龄终于如愿以偿地穿上了官服，这对考了一辈子科举的蒲松龄来说，也算是一个极大的安慰了。

蒲松龄多年科考不中，只能靠做教书先生挣取微薄的收入，养家糊口。蒲松龄的半生都是在穷困窘迫中度过的。而也正是科考的接连失利和这样的生活经历，才让他这个处于社会底层的知识分子得以观察到社会的各个方面，这也为他创作《聊斋志异》提供了最好的素材。

蒲松龄一边考试，一边教书，一边著书。康熙十八年（1679 年），小说基本上初步完成，蒲松龄将这本书命名为《聊斋志异》。

蒲松龄将自己的不幸都写进了这本书中，借各种狐妖鬼怪反映真实的社会现状和人生百态。《聊斋志异》全书囊括了将近五百篇短篇故事，故事类型可分为以下三种：

一是反抗正统封建礼教，敢于追求自由的爱情故事，其中多以女性为主角，主要有《莲香》《连城》《宦娘》等。蒲松龄在《聊斋志异》中代替那些渴望自由恋爱的人，在那个"父母之命，媒妁之言"的时代发出了掷地有声的抗议，极具进步意义。

二是抨击科举考试对读书人的毒害的故事，《叶生》《司文郎》《王子安》等都属于这一类型。蒲松龄在这些作品中披露科举考试的弊病，如考官收受贿赂、人才被埋没等现象不胜枚举，科举腐败之风盛行。

三是揭露、批判统治阶级对人民残酷剥削的故事，《席方平》《促织》《梅女》等传达的都是这一中心思想。蒲松龄在这类故事中深刻揭示了统治阶级的残暴和自私，批判了封建官僚制度的腐朽，表达了他对备受欺辱的底层人民群众的深切同情。

蒲松龄因创作了《聊斋志异》，而被誉为"中国短篇小说之王"。虽一生在科举上不得志，但卓越的文学成就对他而言应是最大安慰。

七、孔尚任

孔尚任出生于山东曲阜，孔子第六十四代孙。《桃花扇》是孔尚任的代表作品，前后创作近十年。在戏曲之外，他还有《湖海集》《岸堂文集》等诗文集传世，此外与顾彩合著了传奇《小忽雷》。

孔尚任，字聘之，又字季重，号东塘，清朝初期的诗人和戏曲家。孔尚任自幼受儒家思想熏陶，习得礼、兵、农等学问，对于乐律也深有研究，这些都为他后来创作戏曲打下了良好的基础。

孔尚任出生在清朝建立初期，他的父亲是明代末年的举人，明朝灭亡之后，便选择了隐居不仕。这让孔尚任得以接触一些明朝遗民，了解许多关于明朝的故事，也因此萌生了创作《桃花扇》的想法。

孔尚任曾在康熙十七年（1678年）参加乡试，但是落第未中。他并没有在意落榜之事，而是选择去石门山隐居，潜心创作，开始了《桃花扇》的构思和试笔。《桃花扇》的故事轮廓在这一时期也基本完成。

孔尚任三十六岁这一年，有幸得到了康熙皇帝的赏识，后被授予国子监博士的官职。孔尚任自此开始了他的仕途生涯。在为官生涯中，他也未曾辍笔，《桃花扇》历经多次修改、定稿，终于在康熙三十八年（1699 年）成书。

《桃花扇》以明朝末年为时代背景，以侯方域与李香君的爱情故事为主线，并将明代末年的历史穿插于其中，书写了南明的灭亡史。以儿女之情书写朝代兴亡之感是该著作的典型特征。这部作品中的大多数人物在历史上都可以找到原型，可以说是接近真实历史的剧作，对后世文学创作的影响极为深刻。

《桃花扇》一经问世，便在街头巷尾广为传唱，不仅在京城频繁演出，而且还流传到了一些偏远地区，就连康熙皇帝都有所耳闻。而《桃花扇》的问世，也成了孔尚任官宦生涯由盛转衰的转折点。成书的次年，孔尚任被免职。孔尚任曾在诗作《放歌赠刘雨峰》中写道："命薄忽遭文字憎，缄口金人受谤诽。"这表明孔尚任认为自己是因创作《桃花扇》才被罢官的。

在京城赋闲两年后，孔尚任便选择回乡隐居，康熙五十七年（1718 年），于家中去世。

孔尚任与《长生殿》的作者洪昇被后人称作"南洪北孔"，是康熙年间最为闪耀的文坛双星。他们对中国剧本创作和戏曲发展作出了巨大的贡献。

八、吴敬梓

吴敬梓为清代文学家，他在文学上最大的成就便是创作了《儒林外史》这一长篇讽刺小说。这一著作可以说是中国讽刺小说的高峰。受《儒林外史》的影响，后世产生了一大批以批判现实为主的讽刺小说，如《官场现形记》《孽海花》等。

吴敬梓，字敏轩，安徽全椒县人。他早年曾考取过秀才，短暂进入仕途，但由于不能忍受官场的污浊，从此告别官场。吴敬梓生活在清朝国力最为强盛的康乾盛世时期。这一时期虽然表面一片繁荣，但社会却存在不少弊病，其中最让吴敬梓不能接受的就是八股文风。无数学子为了考取功名，只知背诵八股文，不求甚解，文风极为死板，读书人的创造力被严重扼杀。

吴敬梓十分憎恶当时的这种社会风气。于是他写出了《儒林外史》这部极具讽刺意味的长篇小说，来表达自己反对通过科举来求取功名和富贵的思想，批判当时的官僚制度、人伦关系，乃至社会风尚。

大多数人所熟知的"范进中举"的故事便是出自《儒林外史》。五十四岁的范进在经历了二十多次乡试后，终于考中举人。在得知这个消息后，范进一时欢喜得发了疯，后来被自己的老丈人胡屠户扇了几个耳光，才清醒了过来。从范进中举的经历可知科举考试对读书人的荼毒之深，为了飞黄腾达，一些学子已经对中举持一种迷恋的心态，彻底地失去了自我。

《儒林外史》中不仅有批判现实的反面人物，也有寄托作者理想的正面人物，比如杜少卿。杜少卿是一位富贵人家的公子，他乐于助人，慷慨好施，极为轻视科举功名，抱着"逍遥自在，做些自己的事"的态度度过了一生。显然，吴敬梓将自己追求个性解放的理想融入了这一人物之中。

吴敬梓

吴敬梓除创作了《儒林外史》，还有一些诗歌存世。从具体内容来看，他的诗歌或写窘迫多病的生活状态，或赞咏真挚的亲友情义，或吟咏南京、扬州等地的风景名胜，或是书写自己的心路历程。

　　吴敬梓还创作过一些辞赋作品，其中以《移家赋》为代表。《移家赋》是一篇叙事赋，也可以看作是吴敬梓的自传，赋中叙述了他本人的家世和生平经历。

　　吴敬梓的作品对后世的小说发展产生了深远影响。晚清文学家李伯元所作《官场现形记》就借鉴了《儒林外史》的创作技巧。鲁迅先生对吴敬梓的作品有着极高的评价，称其作品"秉持公心，指摘时弊"。

九、曹雪芹

　　曹雪芹是四大名著之一《红楼梦》的作者，清朝贵族。他的祖父曹寅为江宁织造，曹家在江南一带富甲一方。后来，曹家因亏空罪被抄家，自此没落。《红楼梦》中的贾府，所映射的正是曹家。

　　曹雪芹，名霑，字梦阮，号雪芹，清代著名小说家、诗人。出身于名门贵族的曹雪芹，儿时在江宁织造府度过了一段极为富贵的生活。他的祖父和曾祖母都大有来历，祖父曹寅曾经是康熙皇帝的伴读和御前侍卫，曾祖母曾做过康熙皇帝的乳母，二人深受康熙皇帝信任。

　　康熙五十四年（1715年）四月，曹雪芹出生在江宁织造府。幼年时的曹雪芹特立独行，十分讨厌八股文、四书五经，也对读书人引以为傲的科举考试和仕途极为厌恶。

曹家是名门世家、书香门第，曹寅爱好诗词，亦有作品传世，而且曹府藏书甚多，在这样的家庭氛围的影响下，曹雪芹自幼喜好读书，熟读诗赋、戏文、小说之类的书籍，这为他后来创作《红楼梦》打下了良好的文学基础。

雍正五年（1727年），曹家的富贵生活走到尽头，曹雪芹的叔父（一说父亲）曹𫖯被革职入狱，曹家被抄，这一年曹雪芹十三岁。曹雪芹只能跟着家人离开江南，回到北京。曹家刚回到北京时，还有不少房产地产，日子过得也还可以。但是随着长期的入不敷出，后来连日常用钱也没有了。

家道中落促使曹雪芹快速成长起来，他渐渐懂得了人情世故，开始和一些京中权贵以及富商名流往来，因此结识了敦诚、敦敏等王孙公子。和这些人的交往也让他对京城王府文化有了更多的了解。

在这些人的影响下，曹雪芹决定著书立说，并完成了《红楼梦》的初稿《风月宝鉴》。

乾隆十二年（1747年），三十三岁的曹雪芹移居至北京西郊，《红楼梦》的大部分篇章就是在这里完成的。在隐居西山期间，曹雪芹"批阅十载，增删五次"，终于完成了《红楼梦》这一著作。

《红楼梦》一书以贾、史、王、薛四大家族的兴衰作为背景，以贾宝玉与林黛玉、薛宝钗的爱情与婚姻悲剧为主线，描绘了大家族的人生百态。

从《红楼梦》的内容不难看出，曹雪芹正是以曹府为原型在进行创作。他将自己的人生经历、思想感情以及探索精神都熔铸到《红楼梦》中。正因为这样，《红楼梦》才具有如此浓烈的生活气息。它就像生活本身那般丰富、复杂，而且浑然天成。

曹雪芹的一生，坎坷困顿却又熠熠生辉，他被排挤、被诽谤，却也受人敬仰。曹雪芹是中国最伟大的文学家之一，被后人视作文学风向标，激励着一代又一代文学创作者写出更加优秀的作品。